2024年

为师有道

上海交通大学"教书育人奖"事迹汇编

上海交通大学党委教师工作部　主编

上海交通大学出版社
SHANGHAI JIAO TONG UNIVERSITY PRESS

内容提要

本书由获得上海交通大学 2024 年"教书育人奖"个人一、二等奖和集体奖一、二等奖获奖个人及团队先进事迹共 22 篇文章汇编而成。为全面贯彻党的教育方针,推进落实全国高校思想政治工作会议精神,深入推进"学在交大",增强广大教师"立德树人、教书育人"的荣誉感和责任感,2017 年起,上海交通大学启动了首届"教书育人奖"的评选工作,每年一届,2024 年为第八届。为充分展示获奖个人及团队的先进事迹,上海交通大学官方网站主页推出了"交大名师"专栏,对获奖教师的事迹进行展示,本书将其汇编,旨在充分发挥获奖教师或团队引领示范作用,激励广大教师心有大我、至诚报国,教书育人、敢为人先,淡泊名利、甘于奉献,进一步坚持"价值引领、知识探究、能力建设、人格养成"四位一体的人才培养理念,全面加快中国特色世界一流大学建设。本书适合所有高校教育工作者和教育管理者阅读、参考。

图书在版编目(CIP)数据

为师有道 ： 2024 年上海交通大学"教书育人奖"事迹汇编 / 上海交通大学党委教师工作部主编. -- 上海：上海交通大学出版社，2025. 4. -- ISBN 978-7-313-32423-8

Ⅰ. K825.46

中国国家版本馆 CIP 数据核字第 2025MW7569 号

为师有道

WEISHI YOUDAO

2024 年上海交通大学"教书育人奖"事迹汇编

2024NIAN SHANGHAI JIAOTONG DAXUE "JIAOSHU YUREN JIANG" SHIJI HUIBIAN

主　　编：上海交通大学党委教师工作部				
出版发行：上海交通大学出版社		地　　址：上海市番禺路 951 号		
邮政编码：200030		电　　话：021 - 64071208		
印　　制：上海万卷印刷股份有限公司		经　　销：全国新华书店		
开　　本：710 mm×1000 mm　1/16		印　　张：8		
字　　数：120 千字				
版　　次：2025 年 4 月第 1 版		印　　次：2025 年 4 月第 1 次印刷		
书　　号：ISBN 978 - 7 - 313 - 32423 - 8				
定　　价：78.00 元				

目 录 Contents

"教书育人奖"个人奖

"教书育人奖"集体奖

一等奖

二等奖

"教书育人奖"个人奖

一等奖

代彦军：倾尽丹心育桃李，国际联合铸英才

【名师名片】

代彦军，上海交通大学2024年"教书育人奖"一等奖获得者，机械与动力工程学院教授。现任动力与能源工程系主任，从事太阳能利用与空调除湿方向研究。获得国家技术发明奖二等奖、国家自然科学奖二等奖、上海市高校本科教学重点改革项目、上海交通大学教学成果奖二等奖、优秀研究生班主任、最受学生欢迎的研究生导师等荣誉。创办中欧高水平工科博士生暑期学校。指导学生团队荣获挑战杯创业大赛上海市竞赛金奖。

【名师名言】

- 献身于阳光下的教育事业，以教书启迪心智，以育人塑造未来。
- 坚持终身学习的态度，培养适应时代需要的专业人才。
- 教师要有园丁情怀，做到因材施教，为同学成才创造条件。

代彦军是上海交通大学(简称交大)机械与动力工程学院教授,动力与能源工程系主任,在交大任教至今二十四载。他是教书育人的践行者,曾参与获得学校教学成果奖和上海高校本科重点教学改革项目,连续多年考核优秀,获得优秀研究生班主任、最受学生欢迎的研究生导师等荣誉。他是国际化办学的推动者,联合瑞典皇家理工学院、荷兰埃因霍温理工大学和浙江大学创办了中欧高水平工科博士生暑期学校,为提升学校国际声誉作出了贡献。他是因材施教的探索者,建设的研究生课程"学术写作、规范与伦理"成为学院全体研究生的必选课和品牌课。围绕太阳能利用等研究方向,他先后主持"十二五"国家科技支撑计划项目、"十三五"国家重点研发专项、国家自然基金重点项目、新加坡 CREATE计划项目,建设中意绿色能源实验室等,发表论文 200 余篇,获得授权发明专利30 余项,曾获得国家技术发明奖二等奖、国家自然科学奖二等奖以及省部级奖多项;2014—2024 年连续 10 年入选能源领域"中国高被引学者"名单;出版教材1 部,专著 3 部,主编地方标准 4 部,参编国家标准 2 部。他还担任中国可再生能源学会理事、中国太阳能技术标准化委员会委员、上海市太阳能学会理事长等。

坚持学以致用,教书育人凸显实效

多年来,代彦军以育人为第一使命,致力于培养基础深厚、实践能力强、具有创新精神的青年人才。他以科研反哺教学,在课堂中融入前沿科研动态。他的主要研究领域是太阳能转换利用,多年来积累了丰富的成果,担任国际太阳能学会会刊 *Solar Energy* 以及可再生能源领域专业期刊 *Renewable & Sustainable Energy Reviews* 主题编辑以及《太阳能学报》《动力工程学报》编辑等。他将可再生能源前沿知识融入课堂,先后开设本科生课程"太阳能热利用原理与技术""可再生能源技术与应用"和研究生课程"建筑节能与太阳能利用",出版教材《太阳能热利用原理与技术》。围绕国家"双碳"战略对可再生能源开发的迫切需求,代彦军创新课程设计,开展启发式和兴趣式教学,指导的学生团队荣获"互联网+"大赛上海市竞赛金奖。他指导研究生开展的项目"基于太阳能光伏光热组件及系统"入选中国科协"科创中国"新能源技术应用案例。他躬耕教坛,实干笃行,针对学院研究生学术写作、规范和伦理方面开展课程的需要,结合担任学术期刊编辑的经历编写《学术期刊论文写作》讲义,面向全院研究生开设"学术写作、规范与伦理"课程,提高了研究生学术论文写作水平。作为制冷所研究生班主任,他注重启智润心,与学生畅谈交流,参加研究生党团活动和职业远航教育,引导学生将论文写在祖国大地上,提升铸魂育人实效。

创办暑期学校,国际声誉显著提升

为推动学校构建深层次、全方位、多渠道的国际化合作办学格局,代彦军联合瑞典皇家理工学院、荷兰埃因霍温理工大学和浙江大学负责教授,联合创办了中欧高水平工科博士生暑期学校,每年轮流在欧洲和中国举办能源前沿工程问题研讨活动。自 2015 年起,该暑期学校迄今已经举办 10 年,生源除了四所主办学校外,还有清华大学、西安交通大学、哈尔滨工业大学、东南大学、天津大学的学生以及来自意大利、西班牙、芬兰、挪威、葡萄牙等国家高校的博士生,累计超过 500 名中外博士生和中外学者参加过交流。他积极邀请国内外学者做学术报告,组织学生到太阳能龙头企业和著名实验室参观访问。通过前沿学术报告、技术参观、项目设计和讨论、文化交流等一系列活动,开阔了学生的国际视野,启发了学术思路,搭建了学术合作和友谊的桥梁。2023 年 11 月,作为学校代表,他受邀参加中欧高水平工科大学联盟交流活动,并做交流发言,为提升上海交大国际声誉作出了重要贡献。他还积极推进了与日本大阪大学在智慧城市领域的合作,自 2018 年起,中日双方每年轮流举办论坛,促进了双方的深入交流与合作。他积极参与了与英国、挪威、泰国以及中国台湾的交流合作,2024 年被上海市科委聘为国际合作特派员。

秉持立德树人,荐才育才不遗余力

代彦军秉持立德树人理念,关注、关心学生成才,不遗余力为学生发展创造机会。上海交通大学-新加坡国立大学联合承担的新加坡 CREATE 计划 E2S2

项目自 2012 年启动以来,作为连续两期项目 PI（连续 10 年以上）,他先后推荐 20 余名交大学生赴新加坡国立大学攻读博士。CREATE 计划是新加坡政府倡导建立的著名国际合作项目,先后引入了美国麻省理工、加州伯克利、英国剑桥、苏黎世理工、德国慕尼黑工业大学等国际著名高校共同开展科技攻关和联合人才培养。上海交大是该项目国内唯一的合作高校。他引导学生建立积极的学术观和职业发展观。他们学成后以报效祖国、服务人民为自觉追求,回国投身科教事业,在清华大学、上海交通大学、哈尔滨工业大学、东南大学、中山大学等高校担任教职,为培养堪当民族复兴重任的时代新人接续奋斗。在"送出去"的同时还积极"引进来",他在负责完成中国-挪威重大科技合作专项期间,吸引挪威科技大学博士生到交大做博士后,接收留学生到交大访学,为推动上海交大与国外高校的高水平学术交流贡献了力量。此外,他联合英美高校华人教授发起了华人能源与人工环境会议,已连续举办三届,为青年学子和海外华人学者搭建了沟通交流的平台,为青年人才学术发展交流提供了舞台。任教 23 年以来,代彦军累计指导硕士和博士研究生 90 余名,毕业生多数活跃在能源专业领域,包括国防单位、龙头企业和科研院所等,为国家新能源领域发展作出了贡献。

做好因材施教,坚持终身学习

传道授业解惑是教师的责任。大学生、研究生起点高,兴趣广,每个同学的特长都不相同。有的擅长实践,有的擅长建模计算,有的独立工作能力强。代彦军善于发现每个同学的特长,因材施教,合理引导,不搞"一刀切",注重激发同学的学习和科研积极性。他说,老师也应是伯乐,能够做到识才育才,把好钢用到刀刃上,引导同学到适合的研究领域和工作岗位,将来才能多出成果,出好成果。他相信,一定程度上学生就像成长的树苗,合适的温度、水分和日照是其苗壮成长的关键因素。学校和教师就是要争取创造更好的成长环境,包括科研环境、文化环境、思政环境等。太阳能是发展最快的能源技术,也是我国在国际上领先的核心技术领域,新概念、新技术日新月异。除了课堂教学,代彦军尽可能为学生争取交流实践的机会,到产业一线工厂参观实习,到大型展会交流参观,创新丰富教学内容,指导研究生选题紧密结合学术前沿和产业方向,助力同学学术发展。

代彦军说,"要倒出来一碗水,你至少要有一桶水。渊博的知识积累是对教师的基本要求。信息爆炸时代,知识更新的速度前所未有。作为专业教师,紧跟时代发展步伐,不断学习,加强内涵建设,提高自己的专业素养。注重与同学的互动交流,了解同学所思所想,才能真正做好教师这份工作。"

刘洪：成为"火箭助推器"，燃烧自己，成就学生

【名师名片】

刘洪，上海交通大学 2024 年"教书育人奖"一等奖获得者。上海交通大学航空航天学院长聘教授、博导，飞行器设计学科负责人，吴镇远空气动力学中心主任，曾任航空航天学院副院长。2000 年博士毕业于上海交通大学，师从交大老校长范绪箕先生。自 1999 年以来，获得省部级科研奖励一等奖 4 项。主导"大飞机出版工程"国家级教材落地工作，先后出版专著《民用飞机总体设计》《飞机结冰机理与防除冰原理》等图书。曾获上海市教委优秀教师、上海交大"凯原十佳"教师、"卓越教学奖"等。

【名师名言】

■ 获得"老师"这个名称是容易的，但有自信和能力面对学生是极难的。

■ 做学问要学会做个"傻瓜"，因为只有"傻瓜"才愿意做别人不看好之事，啃别人不愿意啃的难题。

■ 教育不是灌满一桶水，而是点燃一把火。我愿做点燃学生心中空天报国的"星星之火"。

刘洪自 2000 年入职上海交大以来，不忘初心，默默耕耘，坚守空天报国情怀，全身心投入到科研教学和人才培养中，为建设交大航空航天学科做出卓越贡献。先后荣获上海市教委优秀教师（2008）、上海交通大学"凯原十佳"教师（2020）、"卓越教学奖"（2022）等多项荣誉。从教二十余载，刘洪始终秉持三个特色教育理念："励精图治，上好专业第一课""敢为人先，在重大工程中培养创新人才""矢志不渝，为祖国输送空天人才"，将科学前沿的探索发现融入专业领域本科和研究生教育中，取得了显著成效。

励精图治，上好专业"第一课"

上海交通大学于 1935 年首开中国航空高等教育之先河。至 1949 年上海解放，交大航空门已毕业学生约 280 人，其中就包括钱学森、顾诵芬、吴自良、杨嘉墀等 187 位获得杰出成就的精英人才，成为航空教育史上精英人才培养的典范。其中，获得 2020 年度国家最高科学技术奖的顾诵芬院士曾在其回忆录中饱含深情地回忆了在母校学习航空航天课程的情形，对"严格的工程训练和教给学生解决工程问题的处理方法"尤为印象深刻，并对其后来的科学研究思想产生了深远影响。

2008 年，上海交通大学航空航天学院复建，刘洪根据自己在科学前沿的创新研究探索，结合上海交大的办学特色，主动承担了航空航天学院本科一年级"第一门"专业必修课程"航空航天概论"的课程建设。他积极推动教学改革，始终秉持以学生为中心的精英化教育增值理念，以期传承航空前辈的教育史辉煌。

"工欲善其事，必先利其器。"在十多年的教学实践过程中，刘洪不仅撰写了多本专业教材，还负责编译了众多国外经典专业参考书，负责推动了"大飞机出版工程"系列教材的编写项目，该教材由国家最高科学技术奖获得者顾诵芬院士担任总主编，入选"十一五""十二五"国家新闻出版署航空航天重点图书，出版后获"第二届中国出版政府奖"、"上海图书奖"一等奖（2009—2011）、华东地区大学出版社"第九届优秀学术专著"二等奖等奖项。其中由刘洪主要负责撰写的《航空航天导论》课程教材作为"大飞机出版工程"系列丛书之一，已于 2023

年获得正式出版立项。

刘洪结合航空航天这一国防特色学科,结合航空报国、航天精神等各类课程思政元素,对教学内容进行了重塑,课程思政取得显著成效。2020年,该课程作为"课程思政教学示范资源"在新华网上线展播,目前学习人数已经超过2万人次,并得到一致好评。课程先后入选"上海高校党史学习教育与课程融合示范课程"(2021)、"上海市级课程思政示范课程"(2024)。

基于学院、学校以及航天航空企业的各类课程资源,刘洪将前沿科研成果带入课堂,通过科研反哺教学,打造课程"产教融合"特色,提出并构建了以学生为中心的全过程创新教学模式。采用"动之以情""晓之以理"以及"授之以渔"的教学方法,结合课堂内外两头并进的全过程育人教学模式,将传统的课堂育人拓展为全过程育人,获得学生的一致好评,对学生未来择业、深造产生了深远的影响。

近十年来,刘洪授课学时总计超过1 700学时,"航空航天概论"连续多年课程评教等级A1(其中,2023年院排名3/29、校排名64/944),并先后入选校级一流课程(2022)和上海市级重点课程(2023)。他还获得了上海交通大学第十届"凯原十佳"教师(2020)、"卓越教学奖"(2022)等荣誉称号。2021年,刘洪受邀参加全国航空航天概论课程研讨会,叶培健院士评价道:"交大精英课程理念很好,概论不'概'",对刘洪十余载的创新教学模式探索给予了高度肯定。

敢为人先,在重大工程中培养创新人才

"敢为人先"一直是刘洪指导学生选择科研方向和研究课题的核心理念;"重大工程领域的创新人才培养需要从娃娃抓起"是刘洪长期践行的科研后备力量培养方针。

自2009年开始,刘洪带领科研团队积极引导优秀本科生参与课题研究,累计指导本科生"创新实践项目"50多人次,多个项目入选国家级大学生创新实践项目。其中"关于非定常飞行问题的基本空气动力学原理研究"(2012)、"高效喷洒农药多轴无人直升机的研究"(2013)先后荣获"挑战杯"二等奖。他以在研

的国产大型客机减阻等国家重大科技专项课题为背景,凝练小而精的课题,指导 2017 级本科生刘昊辰获得首届全国航空航天类毕业设计特等奖(2020);杭皓天 (2017 级)、翁梓峰(2018 级)、张诗琰(2021 级)三位本科生获得诺贝尔奖得主 李政道先生发起设立的"莙政学者"项目;指导本科生获 2023 年"云道杯"中国 数字仿真大赛一等奖,并获优秀指导教师称号。

从 2007 年开始,刘洪带领团队攻克飞机结冰与防除冰领域关键"卡脖子" 难题。这一核心关键技术涉及国家重大安全,国际上美、俄等国对"飞机防除冰 技术"防范甚严,而国内相关研究基础薄弱。就是在这样的背景下,他指导 2009 级博士研究生孔维梁向"过冷结冰机理及风洞设计"禁区发起挑战,并以"过冷 大水滴制备"这一世界性难题为目标,经过十年艰苦探索,通过严密的实验验证 之后,在国际上首次提出了"飞机过冷结冰理论模型"。相关成果在美国航空航 天学会期刊 *Journal of Aircraft* 杂志发表后,得到波音公司副总师的高度评价,被 认为是"给出了真正符合过冷物理的结冰模型"。2015 年,进一步提出的"多阶 段结冰演化理论模型"在国际著名的传热与传质杂志 *International Journal of Heat and Mass Transfer* 发表。研究工作受到加拿大结冰专家 Karev 教授的高度肯定, 同时被德国 Markus Scremb 等国际院士团队持续跟踪和引用。流体力学高水平 期刊 *Physics of Fluids* 主编撰文表示,"交大团队的详细实验结果直接支撑了 FAR25.140 修正案的必要性,该成果将成为提高飞行安全设计的有效手段。"相 关成果使我国在结冰适航相关的过冷大水滴机理研究领域跻身世界领先水平。

近五年来,刘洪先后承担了国家重大专项、国防 973 计划、科技部重点研发 计划、国家自然科学基金重点项目、集成项目以及上海市重点课题 30 余项。在 国内外核心期刊及国际会议上发表文章 100 余篇,主持/参与完成 6 部专著、译 著。引导并鼓励青年教师学术研究始终坚持结合国际前沿和国家重大需求。经 过多年的培育和积累,青年教师张博获得"2020 年度中国高被引学者",其所在 航空宇航科学与技术学科,本年度全国共 12 人入选(其中 3 人为院士)。张博在 非定常空气动力学和过冷结冰领域,长期坚持原创基础理论突破和关键技术攻 关,获得了 2019 年中国空气动力学会科技进步一等奖、2021 年中国航空工业集 团有限公司科学技术一等奖及 2021 年中国航空学会科技进步一等奖等荣誉。

由于刘洪指导、培养青年人才团队做出的突出贡献,2023年刘洪被中国商飞授予"大飞机奋斗者"荣誉称号。

矢志不渝,为祖国输送空天人才

在近二十年的航空专业教学与科研生涯中,刘洪培养了一批本科生(20人)和研究生(48人),多位学生获得校/市级优秀毕业生称号。对于学生毕业后的事业方向,他总是将"到祖国最需要的地方去"作为建议学生的首选。大批学生在他的感召下,毕业后投身航空报国的科研和工程一线。

这些学生有的在航空航天工程部门的核心岗位从事重要工作,起到顶梁柱的作用;有的在高校和科研院所继续开展重大工程和科学前沿的探索研究,成为科教事业的接班人。较为典型的优秀学生代表包括:2011年李波博士毕业后入职航天三院,目前作为导弹武器型号"气动光学"这一关键学科带头人发挥着重要作用;2007年王翊硕士毕业后入职中国商飞,是首批试飞工程师,获2011年度"青年科技精英"称号,现负责试飞中心工程中心建设;2013年傅之东获本科优异论文奖,毕业后获剑桥大学校长奖攻读博士学位;2013年印子斐本科毕业后在艾奥瓦州立大学攻读博士学位,毕业后归国加入上海交通大学航空航天学院任教;2016年结冰团队的两名优秀博士生孔维梁、张辰在毕业后选择留校,目前作为该方向的核心骨干继续在"飞机防除冰技术"领域攻坚克难。在刘洪言传身教的积极影响下,毕业生多年维持较高比例赴国家重点行业就业。学院于2024年入选"教育部供需对接就业育人项目优秀案例",有力支撑了学院一流本科专业建设。

从怀揣空天报国信念的青年学子,到为党育人、为国育才的学科带头人,刘洪心无旁骛,为人才培养而奉献,为学术理想而坚守。诺贝尔奖得主叶芝曾经说过:教育不是灌满一桶水,而是点燃一把火。刘洪真正做到了成为"火箭助推器",燃烧自己,成就学生,并带着"为祖国培养更多优秀空天人才"的理想而持续奋斗着!

曹阳：师以匠心见微知著，坚守初心播种未来

【名师名片】

曹阳，上海交通大学 2024 年"教书育人奖"一等奖获得者，上海交通大学生命科学技术学院研究员（实验教学）。教育部"高等学校大学生物学课程教学指导委员会"委员，生命科学与技术国家级实验教学示范中心基础生物学实验教学主管。多年从事生物学实验教学与研究工作，创建并主讲课程"生命科学实验探索"，获首批国家级本科一流课程、国家级教学成果奖一等奖。多次获得上海市教学成果奖一等奖。曾获上海交通大学"三育人"先进个人、优秀教师特等奖、烛光奖励计划一等奖、通识教育课程贡献一等奖等多项荣誉。

【名师名言】

■ "爱"是教师职业的灵魂，是教书育人动力与智慧的"源泉"。

■ 一个教师如果能把学生的人生与发展，当作自己的人生一样看待，那他一定会成为一个好的教师。

■ 在不断学习与思考中提升自我人生境界，在现实中为人师表、言传身教，是教师教书育人最有效的途径。

三尺讲台献青春,二十四载育英才。面对同样的课程,不同的学生,上海交通大学生命科学技术学院研究员曹阳始终充满热情、激情和关爱。他多年如一日倾心投入生命科学实验课程的教研,在国内高校中率先创建了面向非生物学专业学生开展的生命科学实验教学课程,在实践中普及生命科学知识,提高学生的生命科学素养。课程历经多年的建设与打磨,成为上海市精品课程、首届国家级本科一流课程。他在社会实践、教学模式的创新变革等方面探索教书育人有效途径,多次获得省部级及国家级奖励。

立足课堂主阵地,开生命科学通识教育课程建设先河

近代生命科学的快速发展影响着生活、医疗、健康等诸多方面,对生命科学的规律认识和科学素养养成已成为创新人才培养的重要基础,时代发展对教书育人也提出了新的要求。

自1995年起,在学校的大力支持下,我校张惟杰、林志新教授组织的教学团队在国内率先开设"生命科学导论"理论课程,得到了业内广泛关注和认可。曹阳从加入团队伊始,就承担了一项国内"前无古人"的艰巨任务:创建面向非生物学专业本科生的"生命科学导论实验"课程。面向非生物学专业本科生开展实验教学,在当时是生物学教学中的空白领域。他带领新组建的教学团队经过紧张而精细的计划和筹备,于2001年秋季在全国率先面向全校学生开设了"生命科学导论实验"课程,让学生在实验实践中感受生命科学的魅力。课程一时间好评不断,取得了良好的教学效果。2004年,"生命科学导论"理论课程与实验课程共同获批首批国家级精品课程。

阶段性成果的获得给予曹阳鼓励和信心,然而如何让每个学生都能在课程学习中学有所获,还有很多细节需要在教学实践中不断探索、研究,这一做就是二十四载。

在此期间,曹阳带领教学团队反复打磨,每一堂课都不是简单的复制。他精心设计、因材施教,打破了传统生物学实验教学的模式与体系,创新性地提出了面向非生物专业本科生从实验入手学习生命科学知识的新理念,在高校生命科

学教学中开拓出了一条有效激发学生学习兴趣、提高学生生命科学素养的生命科学知识普及与通识教育的新道路。

同时,他注重教研结合,先后发表研究论文20余篇,出版《生物科学实验导论》系列教材,被国内院校广泛参考使用,起到了领域内示范引领作用。课程历经多年打磨,于2011年获评上海市精品课程,2014年获得上海市及国家级教学成果奖一等奖,2020年获评首批国家级一流本科课程。

如今,匠心独运的曹阳老师继续深化课程细节。他根据学生不同专业特点,开展文、理、医学等大方向分类施教的教学改革,希望"生命科学实验探索"(更名后)课程更有针对性,让教书育人落地更加精准,更好地符合学科交叉型、拔尖创新型人才培养的需要,努力让交大的生命科学通识教育始终走在前列。

以学生为中心,创新教学手段成效显著

"我认为,作为教师更要注重自我提升,不断革新,与时代'共振',与学生'同频'。"工作中,曹阳时刻保持对教书育人事业的敬畏之心和对学生的仁爱之心,切实以学生为中心,创新实验教学手段,致力提升教书育人效果。

在互联网与人工智能技术飞速革新的今天,各式各样的电子产品已经成为当代大学生的标配。对于学生在课堂上使用手机的问题,许多教师表示无奈。而曹阳却持另一种态度:鼓励同学们将手机、平板电脑等电子显示设备带到课堂上来。

在曹阳看来,网络信息时代是势不可挡的,学生不仅要适应这个时代,还要利用好信息技术与智能设备辅助自己更好地工作和生活。"大学生基本是成年人了,毕业后就要与社会接轨,大学的教育应该让学生能够理性、正确地使用电子产品,服务于学习与生活。"

基于以上理念,曹阳充分利用00后大学生"生而触网"的特点,有意识地培养学生有效利用手机等智能设备主动获取知识、汲取营养的习惯与能力。他结合生物学实验显微镜成像特点,自主设计开发"生物学实验教学智能互动系统",通过现代化信息技术,让实验教学"触网而生"。该系统打破了实验教学多

教学端口的断层,实现了学生手机、教师授课屏幕和实验仪器的多端联通。在学生视角,课件内容、显微镜实时图像都可以在手机上同步显示并随时切换,便于自由截屏保存和录像存储,还能够通过信息收发功能与教师实时互动。在教师视角,教师能够实时观看学生显微镜中图像,便于把控实验进程与效果,给予及时指导。如此一来,手机等电子设备便成为助力实验教学的有力工具,切实做到了在教师指导下以学生兴趣为导向的探究,充分激发了学生的自主学习热情。现代化信息手段加持的实验课堂成为同学们期待与享受的时光。

"生物学实验教学智能互动系统"一经推广,取得了良好的教学效果,获得发明专利2项,现已实现全国高校范围内的跨学科辐射示范,使用院校达到200余所。

投身实践育人,助力基础教育播种未来

作为一名实验系列的研究员应该如何更好地发挥作用? 这个问题一直萦绕在曹阳的心头。经过深思熟虑,他的思路逐渐明朗:将实验教学拓展至实践教育,努力提高实验课程的教育质量与内涵,把实验教学工作做得更深更实的同时,立足于实验教学的特点,让学生的专业知识技能在社会实践中得以应用,将专业知识和思想政治教育相结合,打造实践教学共同体,拓展育人新领域。

想好了就立刻行动,这就是曹阳的性格。正巧在国家改善基本办学条件的支持下,实验教学中心将陆续更换两百多台超出使用年限的专业教学显微镜。这些显微镜虽然已不能满足大学的实验教学需求,但报废处理过于可惜。如果能将这些专业教学显微镜送到偏远地区有需求的中小学,为孩子们打开观察微观世界的窗口,启迪科学智慧,继续为教育做贡献就好了。于是,曹阳经过广泛调研,策划发起了"显微知著"社会实践活动。至今已持续7年带领200多名学生共18支团队赴西部、偏远地区支援基础教育,引导学生在实践中了解国情,深化学识,培养责任担当。他们的足迹遍布云南、青海、甘肃、宁夏、广西、山西、安徽、河南、湖北、四川等地区。

实践活动不仅仅是简单的显微镜捐赠。曹阳事先组织学生耗时一学期,围

绕显微镜的应用,指导学生设计课程并编写教材,还为当地教师制作了配套的教学指导手册和教学课件。实践团成员面向学生开展实验教学,同时为当地教师提供教学指导和培训交流,让显微镜在实践团离开后依然能发挥作用,持续助力科学之种生根发芽。

通过向边远地区的中小学"送设备""送教材""送课程""送培训"的一系列实践活动,实践团成员得到全方位锻炼,并在价值实现中收获成就感,激发社会责任感,厚植爱国情怀,砥砺强国之志。

"显微知著"社会实践活动获得上海交通大学社会实践特等奖、上海市大学生社会实践项目大赛知行杯一等奖、全国大中专志愿者暑期"三下乡"社会实践活动优秀团队称号。2018 年和2020 年两次获得全国大学生百强暑期实践团队、2021 年获得上海交通大学学生社会实践品牌团队。曹阳本人也多次获评优秀指导教师。

师者匠心,是赤诚大爱。就像曹阳老师经常说的:"学生是无价的,是家庭的未来、社会的未来、国家的未来。我像重视自己的人生一样对待每一位学生。"

黄雷：用智慧激发创新，以爱心呵护仁心

【名师名片】

黄雷，上海交通大学2024年"教书育人奖"一等奖获得者。医学院教授，现任基础医学院组织胚胎学与遗传发育学系副主任、医学遗传与胚胎发育教学团队首席、医学遗传学课程组组长及PI。入选教育部"新世纪优秀人才支持计划"和上海市"浦江人才计划"，获全国五一劳动奖章、上海市先进工作者、上海市"三八红旗手"等荣誉。三次获上海交大医学院"十佳班导师"称号。领衔课程"医学遗传与胚胎发育"获"上海市重点课程"，课程团队获"上海市教育系统黄雷劳模创新工作室"。

【名师名言】

■与学生交朋友，在他们成长的道路上给予帮助，让他们变成最好的自己。

■因势利导，因材施教，用智慧激发学生的创新潜能，用爱心呵护学生的仁心，为祖国培养具有仁心仁术的医学栋梁之材。

■教学相长，不断提升自我，做更好的教师，给学生更好的教育。

黄雷,教授,博士生导师,基础医学院组织胚胎学与遗传发育学系教学副主任,"医学遗传与胚胎发育"教学团队首席教师,医学遗传学课程组长,课题组长(PI)。黄雷在哈佛大学丹娜法伯(Dana-Farber)癌症研究中心完成博士后研究,于2007年回国加盟上海交通大学医学院。"以专业学识报效祖国"是她矢志不渝的追求,"为祖国培养具有家国情怀的创新型人才"是她根植内心的责任。在承担多项国家及省部级科研项目的同时,她积极投身教学工作,潜心教学研究,改进教学方法;她结合自身科研优势,将医学科学前沿理论、思维方式和创新技术融入人才培养,以科研反哺教学;她连续十多年担任本科生班导师,关心、关爱学生,用积极的人生态度和严谨的科学精神引领学生,成为同学们喜爱的"导师妈妈"。她将爱国之心和报国之志化为强国之行,勤勤恳恳,默默奉献,先后获得上海市"三八红旗手"、上海市先进工作者及全国五一劳动奖章等荣誉称号。

潜心教学,传授医学知识

作为高校教师,黄雷始终以为国家培养创新人才为己任,积极投身教育事业。她先后利用专业优势开设5门新课程,主讲6门课程,包括:生物医学科学专业及预防班"生物学模块2""遗传学"等本科生课程和致远荣誉博士课程"医学遗传学基础与进展"及本系"医学科研课题设计"等研究生课程。担任"医学遗传与胚胎发育"整合课程教学团队首席教师。近三年累计完成理论授课332学时,指导3组"探究为基础"(Research Based Learning, RBL)学习活动,累计完成教学472学时,年均157学时,教学评价优秀。

为了让学生的学习效果更好,她致力于课程建设,努力钻研教学方法,带领教学团队进行教学研究与改革。结合自身专业,黄雷主编及参编5部国家级规划教材,其中"十四五"普通高等教育研究生规划教材《医学遗传学基础与进展》(科学出版社)任主编、全国高等学校五年制本科临床医学专业第十轮规划教材《医学遗传学》(人民卫生出版社)任副主编及数字版主编、全国高等学校八年制"5+3"一体化临床医学专业规划教材《医学遗传学》(陈竺等主编,人卫出版社)任编委及数字版副主编;同时,参编国家卫生健康委员会"十三五"规划教材《疾病学基础》(陈国强等主编,人卫出版社)及教育部基础医学"101 计划"核心教材《医学分子细胞遗传基础》(乔杰等主编)等教材。积极进行教学研究,围绕课程建设、探索教学及评价方法等方面主持省部级和院级教学项目 8 项,发表教学论文 10 篇。她负责的"医学遗传与胚胎发育"整合课程获 2021 年度上海高校市级重点课程,2023 年获上海交通大学校级一流本科课程认定。

同时,她作为医学遗传学课程组长,积极培养青年师资。一方面以老带新,传承资深教师的教学经验和优良传统;另一方面开设教学讲座,邀请新进 PI 讲述科学发展和学科前沿;同时,与临床遗传学门诊合作建立随诊制度,为 PI 及青年教师搭建成长平台。通过教学示范、集体备课、小组讨论、预讲和试讲等形式的教学活动使青年教师丰富临床知识、提升专业素质和教学技能。由她领衔的"医学遗传与胚胎发育"整合课程教学团队于 2021 年获上海市教育系统"黄雷劳模创新工作室"授牌。

扎根科研,激发创新潜能

黄雷长期从事肿瘤发病机理及靶向治疗研究,先后主持了近 20 项国家级或省部级科研项目,其中国家自然科学基金 8 项;累计发表 SCI 收录论文 40 余篇。其中指导研究生和本科生在 STTT、PNAS、*Oncogene* 等杂志发表 SCI 收录论文 20 余篇,最高影响因子达 38。她入选教育部"新世纪优秀人才支持计划"(2009 年)和上海市"浦江人才计划"(2007 年),曾获上海市自然科学奖三等奖(2013 年)、上海医学科技奖三等奖(2012 年)和明治生命科学奖"科学奖"(2011 年)。

她连续 17 年指导本科生开展科研实践,使学生通过科研实践学习相关领域的理论知识,培养实验技能和科学思维方法,激发学生的创新潜能。指导本科生 RBL 15 组,大学生创新实验项目 7 组,其中 1 项国家级,4 项上海市级,获得第七届全国大学生基础医学创新研究大赛暨实验设计论坛银奖、第六届上海市大学生生命科学竞赛暨第九届全国大学生生命科学竞赛(科学探究类)二等奖、第六届医学院"医帆启航"大学生创新实践大赛论文报告"优秀实验奖"、基础医学院优秀实验记录二等奖等多个奖项。学生均反馈在她课题组的学习获益匪浅。她个人也获第七届全国大学生基础医学创新研究大赛优秀指导教师,并多次在全国医学教学学术年会上以"研究型教学(基于探究的教学方法)"为题做专题交流。

黄雷培养博士研究生 7 名,硕士研究生 4 名。其中 2 名博士被评为"上海市普通高等学校优秀毕业生",1 名博士被评为"上海交通大学优秀毕业生"。学生还获得"教育部博士研究生学术新人奖""中国遗传学会第二届模式生物与人类健康研讨会"优秀论文奖、上海交通大学"博士创新基金"、基础医学院"新羽杯"研究生科研活动日"优秀报告一等奖""优秀科普海报一等奖"等各类奖项 20 余项。毕业的 7 名博士均在三甲医院或高校从事科学研究,其中 6 人已获得国家自然科学基金青年项目资助,3 人已晋升副高级职称。黄雷亦获得基础医学院"新羽杯"研究生科研活动日优秀指导教师(2019 年)。

悉心关爱,呵护本真素养

黄雷十多年连续担任 10 级临床八年制、14 级临床八年制和 19 级临五二班共三届班导师。她以"交友"为育人方式,通过人人网和微信走近学生,成为学生的挚友;从学习、生活及个人素养等多方位关心学生的成长,培养学生积极的人生态度和严谨的科学精神,是同学们喜爱的"导师妈妈"。班导师工作开展伊始,黄雷通过问卷调查了解到同学们从医的初衷包括"为了帮身患重病的家人治病""维护他人健康""拯救他人的生命"等,这些单纯而真挚的回答让黄雷感到自己肩负着"呵护学生本真、引领他们未来"的责任。她以活动为育人载体,通过参观黄浦区"一大"会址、航天研究院和航海博物馆使同学们了解革命历史和我国相关领域的发展,培养爱国情怀和民族自豪感;她组织"心连心座谈会",倾听同学们围绕公益、住宿、上课、文体活动等方面提出的各种意见,并逐条"备课"研判,帮助解决问题;组织"思想的闪光"班导师成长故事分享会、"那些年我们一起学医——与未来对话""英雄归来"等主题讲座,让同学们在一次次来自名师大家的箴言中拓展视野,坚定对未来医学事业的信心。她指导的班级活动 4 次获得上海交通大学医学院班导师文化创建项目"精品项目"(2014 年、2017

年、2021 年及 2022 年)。学生们还将感恩心语和班级回忆汇集成"玫瑰花开"纪念册,作为礼物送给"导师妈妈"。黄雷三次获得上海交通大学医学院"十佳班导师"(2013 年、2017 年及 2023 年)及上海交通大学基础医学院"优秀班导师"(2013 年度)等称号。

黄雷还积极投身社会服务。她连续当选第一届、第二届及第三届上海市黄浦区人大代表,认真履职,围绕医疗、教育、办学环境、社区管理等方面建言献策,服务区域发展,赢得了选民好评。她提出的"创新机制,破解困境,加快科技成果转化""深化教育方式变革,让创新的种子在基础教育阶段生根发芽""关注老人优活优逝,加强老年人安宁疗护管理""特事特办,为博士后子女入学公立幼儿园建立绿色通道的建议"等十多份书面意见均获政府相关部门解决采纳。同时,她还通过"实验室开放日"活动和"我的健康我做主"等科普讲座宣传健康的生活方式,以专业知识服务社会。

于冰沁：替河山妆成锦绣，把国土绘成丹青

【名师名片】

于冰沁，上海交通大学 2024 年"教书育人奖"一等奖获得者。上海交通大学设计学院副教授、博士生导师。北京林业大学博士、上海交通大学和德国柏林工业大学博士后。曾入选上海市启明星人才计划。主讲课程被认定为国家级和省级一流课程，获得全国教育科学研究优秀成果奖、全国高校教师教学创新大赛一等奖、全国混合式教学设计竞赛一等奖、西浦全国高校教学创新竞赛一等奖、上海市青年教师教学竞赛一等奖、上海市教学成果奖二等奖、上海市"三八红旗手""教学能手""优秀指导教师"等荣誉称号。

【名师名言】

■"师者匠心，止于至善；师者如光，微以致远"，这是一名教师扎根三尺讲台的初心。

■学生来自祖国西南、西北的高山、草原和湖畔，只有不断迭代教学改革创新，才能实现美育、德育和专业教育的融合。

■通过校地企三方合作实现协同育人，希望引导学生在与风景园林艺术的四重相遇和对话中"奇遇山海，奔赴热爱"。

■师生共建"同心园"，在科研和实践中践行风景园林人的责任和使命"替河山妆成锦绣，把国土绘成丹青"。

在 2024 年第 40 个教师节来临之际，设计学院副教授于冰沁荣获上海交通大学"教书育人奖"一等奖。作为一名"交大养成系"教师，她常跟学生分享"相逢的意义在于照亮彼此，请用能量去热爱，去信任，去成长"。她耐心倾听学生心声，助力学生成长，被学生评为"最受欢迎青年教师"。为帮助学生提升学习成效，她构建"学习体验驱动、四重相遇对话、沉浸全景进阶"的教学设计途径和"同心园"师生党建共建模式，获得第三届全国高校教师教学创新大赛一等奖。

她始终秉持"寓道于艺，融德于美，合力于建"的信念，通过校地企协同育人，赋能传统园林文化传承与创新，服务城市更新与乡村振兴等国家重大需求，培育时代哲匠，设计未来人居。

与园林相遇，与历史对话，养成学生创新设计思维

"学习的本质是一场相遇和对话"。于冰沁深耕教学改革创新，其主讲的"西方风景园林艺术史""风景园林简史"等系列课程被认定为国家级一流本科课程。她主编国家林业和草原局"十四五"规划融媒体教材《风景园林简史》和《风景园林设计原理》。教学成果获得全国教育科学研究优秀成果奖、上海市教学成果奖、上海交通大学教学成果奖特等奖和优秀基层教学组织等奖励。

于冰沁坚持"以赛促建"，获得全国高校教师教学创新大赛一等奖、全国混合式教学设计创新竞赛一等奖、西浦全国大学创新大赛一等奖、上海市高校教师教学创新大赛特等奖、上海市青年教师教学竞赛一等奖等各级教学竞赛奖项 8 项，以及上海市"三八红旗手""教学能手""优秀指导教师"和校级"'佳和'优秀青年教师奖""烛光奖励计划一等奖""十佳班主任"等荣誉称号 12 项。

寓道于艺，她以问题为导向，聚焦学生学习体验，重构中西方园林文化互鉴的教学内容，创设沉浸、全景、进阶的学习情境。在教学全周期过程中创设 8 个进阶式挑战性教学活动和高阶学习能力达成度评价方法；全面提升学生学习兴趣、动手实践与主动学习能力，帮助学生养成创新设计思维。教学成果 5 次入选中国互联网学习发展报告优秀案例、教育部"拓金计划"示范课程和全国优秀教学案例库。

在课程改革和实践过程中,于冰沁还注重研究反哺教学及与国内外同行的交流与合作,不断凝练与推广教学经验。她主持"中华优秀传统文化传承与创新教学资源建设与应用成效"等教育部产学合作协同育人项目、中国高等教育学会教育科学研究规划课题等省部级教学改革项目;发表的教研论文分别获得全国教育科学研究优秀成果奖和中国风景园林学会教育大会优秀教研论文一等奖。她应邀加入跨校虚拟教研室、U21大学联盟等国际教研组织。建设的数字化教学资源完成线上公开课12轮,吸引5万余名学习者,辅助全国逾25所高校完成在线与混合式教学。应邀在全国高校教育发展年会(CHED)、中国高校教学学术年会、中国风景园林学会教育大会等做报告10余次,在助金计划、学堂在线等平台进行全国课程示范直播50余次。教学创新成果被《光明日报》《文汇报》《劳动报》等多个媒体报道。

与艺术相遇,与传统对话,赋能传统文化传承创新

习近平总书记强调,"园林文化是几千年中华文化的瑰宝,要保护好,同时挖掘它的精神内涵,这里面有我们中华优秀传统文化基因"[①]。为引导学生自觉传承与创新风景园林文化,于冰沁作为设计学院风景园林系教工党支部书记、学院党委委员,积极开展课程思政建设,打造"同心园"师生党建共建模式,拓展育人高度和宽度,"以美为媒,以美育人,以美化人",以美育践行三全育人。

以党建为引领,她构建师生思想交流、学术交流新机制,组织座谈、科研、科创、竞赛等系列师生共建活动,助力在校生和毕业生的成长与成才。她开展"中西方园林文化比较""传统造园理法优与劣""东学西渐、西学东渐和生态文明重大工程赏析"4个视角16个研讨专题的"守护大国匠心"青年学者论坛,以提高学生的审美批判和艺术批判能力。该活动覆盖在校生和校友500余人次。同时,为深化校地企协同育人机制,于冰沁在上海青浦、苏州昆山、常州溧阳、安徽泾县、四川安仁等地设立"同心园"美育"第二课堂",通过"行走的党课"思想引

---

① 习近平总书记考察河北承德纪实,新华社,2021－08－26。

领活动,将教书育人的初心和立德树人的使命落到实处。《光明日报》以《听心声、助成长,"同心园"构建了师生思想交流新高地》为题报道了教研团队的"同心园"育人模式。

融德于美,于冰沁构建了面向传统文化传承与创新的"风景园林历史"美育教学改革实施路径,以美育为切入点,树立文化自信,自觉传承创新,提升专业价值认同感。她引入交叉学科研究方法与多模态新技术,师生共建课程思政案例资源,全面解析风景园林艺术之美。思政元素有机融入教学全过程,实现了"知、思、信、义、行"合一。师生协作,运用3D扫描与VR、AR建模技术,对敦煌莫高窟、苏州留园、拙政园等历史名迹进行场景重建,数字化赋能传统文化保护。同时,她还引导学生提炼并创造性转化传统文化价值,助力传统园林文化传承与创新。学生完成文创、诗歌、漫画绘本等创意设计270余项。此外,她还创立"东写诗意,西读园林"网络育人工作室,发表学生创意设计作品300余篇,助力风景园林文化科普,服务学科,辐射社会。课程思政建设获得学生高度认可,MATE评估学生满意度达满分5.0。课程被认定为校级课程思政示范课程。

与创作相遇,与创新对话,潜心问道服务未来人居

"道而弗牵,强而弗抑,开而弗达。"作为学生科研和实践道路上的引领者,于冰沁潜心学术,与学生共同探讨科学问题。近五年来,她主持国家社科基金后期资助项目、国家社科基金项目、教育部后期资助项目、上海市艺术规划项目4项,并作为科研骨干参与国家重点研发计划1项;发表中英文期刊论文25篇,其中8篇入选中国学术精要高被引论文。担任风景园林学科Q1区期刊《风景园林》和《园林》学刊青年编委、中国风景园林学会国土景观专委会青年委员。三次获得风景园林学会科技进步奖,入选上海市科技启明星人才计划、上海市科技专家库、教育部人才计划评审专家库。

她注重本科生创新设计思维的养成与动手实践能力、团队协作精神的培养。为使学生与创作相遇,与创新对话,她鼓励学生进行成果转化,循序渐进首创真实作品,理论联系实际,学思用贯通。师生在国际花园建造节中多次斩获奖项。

她帮助学生自主完成从设计、施工、搭建、种植到展示的系统工程。学生的学习由课内走向了课外,收获了满满的成就感。学生自豪地说,"这是我们生命中的第一个风景园林实践作品,引领我们走进风景园林世界,体验到创作与探索的激动心情。"近三年来,她悉心指导 PRP 项目 4 项、大创项目 2 项、暑期社会实践项目 2 项和 6 名学生的毕业设计。其中,学生的毕业设计和实践成果获得风景园林学会"四校联合毕业设计卓越奖""杰出学子奖"和上海市"知行杯"大学生暑期社会实践一等奖等。

在硕士、博士研究生培养方面,于冰沁鼓励学生从兴趣出发,自主发现设计问题,并运用交叉学科方法解决复杂问题。她注重人文关怀和科研与实践的结合,引导学生关注老年人、儿童、女性特殊群体的健康需求等社会学问题,服务传统文化保护、城市更新与乡村振兴等国家重大需求。她指导的多名研究生累计发表高水平论文 18 篇,获得国际、国家专利授权 7 项,获得艾景奖国际园林景观规划设计大赛金奖、未来设计师全国高校数字艺术设计大赛一等奖、中国风景园林学会大学生设计竞赛一等奖等国际、国内设计与科创竞赛奖项 20 余项。学生作品入围威尼斯国际双年展和联合国可持续发展优秀案例。她指导及协助指导的 10 名毕业生中,多人获得上海市优秀毕业生、国家奖学金等荣誉,3 人赴新加坡国立大学、康奈尔大学、麻省理工学院深造,3 人作为选调生赴中西部地区基层单位,融入脱贫攻坚、乡村振兴一线,4 人进入上海市政工程设计研究总院等事业单位,助推行业深入发展。

与同伴相遇,与自我对话,校地企协同,学思用贯通

于冰沁自担任设计学院督导委员会主任以来,推动实施"院督导委员会与教学发展分中心双轮驱动及与教务办三方协同"机制,深化校地企合作协同育人机制,引导学生将论文写在祖国的大地上。她将高质量党建与高质量人才培养相结合,设计赋能育新人。

产学研用融合,促进学生实现"学思用贯通"和"知信行合一"。她与毕业生自主创办的企业阿兰里文化旅游发展有限公司合作,设立每年 10 万元的"人才

发展基金",助力学生成长成才和科研成果转化。以党建共建为引领,她与上海市公园管理事务中心、上海西岸集团、乡伴文旅集团、重庆光辉城市等 7 个企事业单位合作,围绕高密度城市韧性社区更新和乡村振兴等国家重大需求落实协同育人,贯彻"人民城市人民建"的理念。

依托江苏溧阳和安徽泾县两条旅游公路建设的案例和美育"第二课堂",于冰沁聚焦学生学习体验,促进新文科、新工科、新农科交叉学科融合,讲好乡村生态文明建设和社会-经济-环境可持续发展的中国故事。通过设计实践案例反哺育人,立足时代,扎根人民,深入生活,她引导学生树立正确的艺术观和创作观,树立把论文写在祖国大地上的意识和信念,增强学生服务乡村全面振兴的使命感和责任感。其成果凝练为教学案例《生态赋能、交旅融合的乡村振兴之"道"——长三角两个典型旅游公路案例》,入选教育部"美丽中国"主题案例。

郑刚：办不出国门的世界一流高等教育

【名师名片】

郑刚，上海交通大学 2024 年"教书育人奖"一等奖获得者。密西根学院本科教育副院长，副教授。2005 年获得美国科罗拉多大学斯普林斯分校电气工程博士学位。毕业后在美国高校担任终身教轨助理教授、嵌入式系统实验室主任、计算机工程专业负责人，并任美国通用电气公司技术顾问。2009 年，郑刚受邀加入密院，先后担任学院电子计算机工程专业负责人、院长助理、本科教育副院长至今。曾获国家级教学成果奖一等奖，上海市教学成果奖特等奖，上海市教学成果奖一等奖（负责人）、上海交通大学烛光奖。教授"逻辑设计导论""计算机组成件导论""基于微处理器的系统设计""计算机导论"等课程。

【名师名言】

■ 要以创新的精神办好不出国门的世界一流高等教育。

■ 教师的工作应该是先育人后教书。成功的教育并不一定是以培养精英为主要目的，更多的是人格养成和兴趣培养。

■ 教育的根本目标是立德树人，而实现这一目标的基础，是以学生为中心。

2009年,交大密西根学院刚刚起步,还处于探索发展的初期阶段。那时,学院亟需既拥有国际教育经验,又具备产业经验的人才。郑刚当时正在美国高校任职,同时兼任美国通用电气公司的技术顾问。在学院的邀请下,他毅然回国,加入了密西根学院。他带着对美国大学教育体系的深刻理解以及对产业的深厚认知,在这片朝气蓬勃的土地上扎下了根,积极投身于探索创新改革的道路,专心致志地探寻着一条"在地国际化"的高等教育新路径。

推进教学改革,激发学生创新活力

郑刚对教育有着深厚的情怀,亦有对产业深刻的理解。因此在推进课堂教学改革的过程中,他始终致力于结合工程理论的应用,本着以学生为中心的理念,以高质量课程让学生学有所得、学以致用。他把国际化的教育风格带进课堂,让学生们在应用知识、解决实际问题的过程中体验到满足感,进而点燃他们学习的兴趣和热情。在专业课程建设上,他结合中美教育之所长,建设了既与世界一流大学接轨,又符合中国国情的专业体系,引领国内新工科教育改革。

郑刚是学院电子与计算机工程基础课程的重要柱石。他在学院主要讲授"逻辑设计导论""计算机组成件导论""基于微处理器的系统设计"和"计算机导论"四门专业课程。他的课深入浅出、逻辑清晰,学生经常以"学院最好的老师"或"最好的课程"来评价他或他上过的课程。他认为教师的工作应该是先育人后教书,成功的教育并不一定是以培养精英为主要目的,更多的是人格养成和兴趣培养。因此,他努力引导学生在成为一名合格的工程师之前,首先应当做一个正直的人。此外,郑刚也非常注重教会学生如何学习,激发他们终身学习的兴趣。他重视学生的学习体验,推动成立了写作中心、跨学科教育中心、学业分享中心、学生创新中心、创业教育中心等,让学生在获得更好教育服务的同时激发他们学习的热情。

郑刚牵头建设了国内顶尖、世界一流的本科专业。结合国外大学多年学习和工作的经历,他深刻认识到培养系统思维和综合能力的重要性。因此,他在课程里设置很多开放性的设计项目,在课程里强调团队项目,来培养学生团队合作的精神和项目管理能力,将技术交流相关内容与工程类课程内容紧密结合,提高学生的交流沟通能力。此外,在学生的进阶培养的过程中,不断引导学生具有解决工程应用的能力。在这种思路的指引下,他将"工程导论"、"设计与制造"系列、"毕业设计"课程等不断改造升级,同时融合工程伦理、学术英语写作等课程内容,形成了密院本科教育的特色模式,获得了国内外的认可。2016 年,学院的电子与计算机工程和机械工程两个专业在国内率先获得 ABET 国际工程专业认证,对学校乃至全国高校工程教育改革探索具有里程碑意义。目前,学院的电子与计算机工程、机械工程、材料科学与工程三个本科专业均入选教育部一流本科专业建设名单。

郑刚高度重视本科教育的人才培养质量。他在工作中聚焦人才培养质量的不断提升。他参考密西根大学和其他国外一流大学的经验,把学院的人才培养目标落实到每门课程上,并设计制定了一整套课程质量监督和审查体系,建立了长效的教学质量提升机制,实现了人才培养质量管理和保障的规范化和过程化,在人才培养质量控制和提升方面作出了贡献。

15 年来,郑刚深受学生、校友的好评和上级单位的认可,连续多年教评为 A 档,先后获得上海交通大学烛光奖、最受欢迎教师奖等。参与的教改项目获得上海市教学成果奖特等奖 1 次、上海市教学成果奖一等奖 3 次。

广开培养通道,扩展学生发展格局

高等教育是中外人文交流的重要载体,对学生的长远发展和全球领导力建设具有世界意义。郑刚不辞辛劳、积极奔走,开拓了"全球学位通"项目;他扎实务实,建设了 8 个院内辅修专业;他牵头建设留学生的工科平台,拓展海外留学生的就读通道和体量,不断讲好中国故事。

自 2012 年担任本科教学副院长起,郑刚像一位不知疲倦的探索者,不断拓展学生发展通道,创新人才培养模式。在学院与密西根大学"双学位"项目的基础上,郑刚积极奔走,寻找和联络全球合作伙伴,如瑞典皇家理工学院、美国加州大学各分校、康奈尔大学、哥伦比亚大学等,宣传上海交通大学和密西根学院的办学成果和办学理念,设立了"全球学位通"项目,创造性地设计了"3+2""3.5+1.5"等联培模式。在"全球学位通"项目的支撑下,密西根学院的本科生已经连续三年深造率超过90%。他积极推动并开展与德国、英国、法国、西班牙、新西兰、日本、韩国、阿根廷等十余个国家的顶尖大学合作,开设了冬季游学项目,课程设置涵盖工科、语言、商科等方向。与密西根大学、康奈尔大学和卡内基梅隆大学等达成的合作协议,为学生提供充足的赴世界一流大学交流交换的机会,提升学生的国际化背景和全球学习的能力。这些项目的设立,为密院学生打造了一个跨学科、跨文化的全球学习体验平台。在学院的众多学位项目的支撑下,超过85%的密院学生在本科期间就拥有了国际化经历,奠定了长远发展的基础。

为了满足学院打造复合型人才的需要,郑刚自2016年以来,带领学院的多元化教师团队开展院内辅修专业的设置。经过多年的建设,目前学院开设了计算机科学、数据科学、工业人工智能、创业、全球视野下的中国研究、管理、电子与计算机工程、机器人等8个辅修专业,使本科教育形成了跨专业的"主修加辅修"的课程体系。这为学生开辟了"工程加工程",或"工程加科学/管理/人文"的多元化发展路线,给学生带来真正的交叉学科学习体验,以适应多元的国际背景和跨文化工作环境。密西根学院在教学教育方面有诸多开创性的实践,迈出了很多第一步。

2017年,郑刚牵头建设学校的留学生工科英文平台。他和团队的老师们与合作学院进行了深度的课程体系对接,为同学们夯实国际化学习基础,提供自由的跨专业选择空间。在他的领导和协调下,平台顺利运行,实现留学生跨工科学院流动,课程无缝对接。如今,这个平台已经汇聚了83位来自全球26个国家的留学生。他们的背景多元且丰富,共同构成了一个充满活力与创造力的学术社区。在这里,他们不仅学到了知识,更结交了来自世界各地的朋友,拓宽了自己的国际视野和人际关系。这个平台已经成为他们人生中最宝贵的财富之一。

在郑刚的努力开拓下,密院已经形成了稳定的国际国内人才培养的"双循环"通道,为学生提供了从大一到大四的立体式的多元选择和进步阶梯。越来越多的学生带着自信和梦想走出交大,拥抱世界。

聚焦以我为主，厚植学生家国情怀

当今世界正处于百年未有之大变局，培养出具有家国情怀的国际化、领袖型、创新性的人才，已经成为时代赋予的使命和密院的培养目标。郑刚不断学思践悟，创新探索，塑造了中外合作办学思想教育的"密院方案"，走出了一条以我为主、为我所用"密院之路"。

为了做好中外合作办学单位的课程思政工作，推动习近平新时代中国特色社会主义思想融入课程、融入教材，引导学院构建全员、全过程、全方位育人的格局，郑刚创新性地建议和推动了全人教育（Whole Person Education）理念在学院的落地。他认为，要让各种文化背景的老师和学生自觉、自然地认同我们国家的教育价值观，需要在实践中不断探索智慧的方式。他亲自带头引领学院教师进行学习和研讨，结合以学生为中心、强调学生全面发展的全人教育理念，鼓励学院教师开展教育思想大讨论。他还在院内设置专项基金，鼓励教师积极投入到以全人教育为目标的课程建设，积极进行教育教学改革。

为了更好地提升学生的家国情怀，更好地讲好中国故事，郑刚时常会在课堂上现身说法，以自己的亲身经历感染学生们，帮他们树立服务祖国、服务人类社会发展的使命感；以实际的工程设计案例来培养同学们作为未来工程师的社会责任感；通过引导学生了解科学技术领域面对的难题和解决实际工程问题，来激发同学们对新知识的好奇心和面对困难的韧性。郑刚推动了以深度了解人文、历史、社科环境为核心的"国内游学项目"，让中外师生通过实践与考察，体验立体、全面、真实的中国，并将所学所想运用到对社会有益的方面，树立当代中国青年的社会责任感和民族自豪感，以可持续的眼光看世界，培养国际胜任力。经过三年的发展，国内游学项目目前已经形成了五个子项目，实践地覆盖福建、云南、甘肃等地，每年参与学生90余名，成为密院短期项目的一大亮点。

多年以来，在郑刚的努力探索下，学院已经实现了从1.0阶段的引进融合创新，到2.0阶段的以我为主、为我所用的交叉创新，再到3.0面向未来、引领发展的合作办学模式跃升。2023年，郑刚作为主要完成人之一的成果"聚焦国家战略需要,引进探索为我所用,再塑国际化创新人才培养新模式"荣获国家级教学成果奖一等奖。

郑刚是育人的园丁,他心里装着学生,希望点燃学生的热爱,激发学生的热情,培育学生的人格。郑刚是改革的旗手,他十五年如一日,准确把握"引进来"和"走出去"的关系,建设了融通中外、博采众长的工程教育体系,引领了中国高等教育的改革发展,也让学生真正接受到了不出国门的世界一流高等教育。

"教书育人奖"个人奖

二等奖

韩韬：以三尺讲台，揽星辰大海

【名师名片】

　　韩韬，上海交通大学 2024 年"教书育人奖"二等奖获得者。电院感知科学与工程学院院长，全国高等教育自考委电子电工与信息类专委会秘书长，教育部深度学习课程群虚拟教研室负责人，全国大学生电子设计竞赛组委会责任专家，入选教育部新世纪人才计划、上海市优秀学术带头人，曾任电子信息与电气工程学院副院长。负责设计开发的"SI 基本单位的量子计量虚拟仿真实验"，2020 年和 2023 年先后获评上海市和国家级一流课程。针对学生创新能力培养，他提出"具有评测反馈改进机制"的教学改革，获批教育部第二批新工科研究与实践项目，结题获评"优秀"。作为"'信息+'和'+信息'需求牵引的基础课程体系重构与实践"项目第一完成人，获 2022 年上海市教学成果奖一等奖和国家级教学成果奖二等奖。

【名师名言】

- 格物致知，探寻无穷真理；驱动梦想，奔赴辽阔征途。
- 所谓师者传道，立三尺讲台，春秋不移。
- 学生要学真知、求创新，更要怀壮志、兴国家。

韩韬，现任电院感知科学与工程学院院长，兼任教育部重点领域深度学习课程群虚拟教研室负责人、全国大学生电子设计竞赛组委会责任专家、全国高等教育自学考试指导委员会电子电工与信息类专委会秘书长，入选2021年上海市优秀学术带头人，获2023年宝钢优秀教师特等提名奖。

22年的教学一线生涯，他以"静心教书、潜心育人"为使命，在把握高等教育改革发展新趋势、深化落实立德树人根本任务以及在课程体系、教学体系、实践育人体系建设中作出贡献。

深耕课程，授业解惑展师者风采

从担任电类专业基础课"信号与系统"主讲教师伊始，韩韬就遵循"夯实基础，提升能力"的教学理念，打破传统"满堂灌"的教学模式。他在课堂穿插讲解若干面向工程应用案例，引导学生利用本课程的理论分析和解决身边问题，从而培养逻辑思考能力和分析问题能力，实现课程的常讲常新。

作为智能感知工程专业负责人，他深知将量子精密测量引入课程对学生掌握高性能感知系统具有重大意义。他发挥个人在频率控制方面的科研优势，自主设计了"SI基本单位的量子计量虚拟仿真实验——基于原子、标的守时与远程比对实验"；充分利用最新的虚拟现实技术重现"秒"的量子复现和比对、校准全过程，所见仪器及数据均对应实际系统。该虚仿实验被全国20多所高校选用，并收获高度评价：实验内容先进，设计合理，操作流畅。课程于2023年建成为国家级一流课程。

负责电院人工智能本科生教学期间，他积极参加教育部在重点领域的产教融合示范工程建设，担任了"深度学习"课程群虚拟教研室负责人，牵头优质教学资源共享服务平台建设，位列全国837个虚拟教研室之首。他连续多年组织师资培训，分享利用服务平台优质资源进行混合式教学设计的经验，穿插教学观摩、课践一体化建设等内容，覆盖全国110多所高校，获得一致好评。他主导并参与完成"国家人工智能产教融合创新平台"申报和科研论证，获批国拨投资1.2亿。

勇挑重担,锐意改革攀育人高峰

当今社会,信息技术与传统领域交叉融合正在引发集群式技术变革与突破。全校非电类专业系统性地开设信息类基础课程,培养学生跨领域解决问题能力的需求迅猛增长,但受到师资、实验资源等多重教学资源限制。

韩韬再次迎难而上、勇挑重担,领衔开展信息类基础课程供给侧结构性改革。得益于多年来对基础课建设的思考与经验,他组织超百人的跨学科基础课程组,在厘清各专业知识构架基础上,通过提升课程内涵、定制综合性课程、课内融入跨专业应用场景、同课异构分级等举措,重构出 10 余种培养方案,解决了专业类型繁多、需求差异巨大等问题。11 门基础课程中 10 门已建成为国家一流课程,发挥出引擎推动作用,有力支撑学校"大平台"人才培养模式改革和强基计划。上述工作得到国内同行的高度认可。作为"'信息+'和'+信息'需求牵引的基础课程体系重构与实践"项目的第一完成人,韩韬获得 2023 年国家级教学成果奖二等奖。

针对大学生能力培养过程中第一课堂与第二课堂实践、竞赛等环节缺少融合育人机制,第二课堂发现的知识和能力缺陷很难能反馈回第一课堂的教学改进等影响培养成效的问题,韩韬提出建立"具有评测反馈改进机制"的双创能力培养体系。这项教改获批教育部新工科研究与实践项目,在 845 个结题项目中脱颖而出,成为 20 个集中展示的优秀项目之一。相关教学成果还发表在国际工程教育类 SCI 期刊上。韩韬也作为"深融专业、精准助推——电子信息领域全链条创新创业人才培养体系构建与实践"成果主要完成人(排名第二),获得 2023 年国家级教学成果奖二等奖。

格物致知,探寻无穷真理;驱动梦想,奔赴辽阔征途。所谓师者传道,立三尺讲台,春秋不移,一生秉烛育人育魂,这是韩韬的信仰,更是他作为教师的终身使命。

薛广涛：卓越，成就计算机人的情怀

【名师名片】

薛广涛，上海交通大学 2024 年"教书育人奖"二等奖获得者。上海交通大学特聘教授，计算机系党总支书记，担任上海市计算机学会副理事长兼秘书长、ACM China SigApp 副主席等。长期从事新型智能感知与计算领域研究，涉及新型物联感知技术、海量数据高效协同、大规模数据处理等相关技术。发表论文 100 多篇。先后荣获 USENIX FAST 2023 等 5 项国际会议最佳论文奖，世界人工智能大会"青年优秀论文"提名奖。授权中国、美国发明专利 30 余项。主持国家自然科学基金重点、科技部重点研发计划课题等十余项国家级项目。曾入选"上海市优秀学术带头人"。先后获上海市技术发明一等奖、上海市教学成果一等奖、上海市计算机学会技术发明一等奖、上海交通大学教学成果特等奖等。指导学生获 2022 年度 ACM 中国优博奖提名、上海市计算机学会优博论文奖、ACM 上海优博奖等。

【名师名言】

- 能够想象任何事的人，可以创造不可能。

- 共产党人永远年轻。

- 做一个勇于探索无人区的科研者，做一个俯首甘为孺子牛的育人者，做一个与祖国同向同行的爱国者。

薛广涛教授,计算机科学与工程系党总支书记,博士生导师,教育部长江学者。他潜心教学,二十载持续打造基础前沿产学融合的课程精品,建设"计算机网络"国家一流课程,助力 A+学科创新人才培养;他从无到有,构建"价值引领、技术扎实、管理精通、前沿拓展"信息领域工程管理人才培养体系,6 年累计助力 1 406 名企事业技术人才再深造,教改成果荣获 2023 年国家教学成果二等奖、2022 年上海市教学成果一等奖(排名第一);他躬身育人、做学生的良师益友,近五年指导学生发表 86 篇高水平论文,荣获 7 项国内外最佳论文奖、3 项国家和省部级优博及提名奖、1 项国自然青年学生基础研究项目,所有博士毕业生实现高层次"学术"或"双创"就业,毕业研究生勇于投身国家重要一线岗位。

锐意改革,打造基础前沿产学融合的课程精品

薛广涛自 2004 年起留校任教,至今已二十载。他爱岗敬业,始终把"人才培养"放在工作首位。他说,"面对电院这么优秀的学生,必须全心全意教学、百分之百投入,尽力做到最好,真正践行人民教师的光荣使命!"

薛广涛自 2008 年起主讲本科生专业核心课程"计算机网络",课程累计选课人数达 935 名。在教学中,他坚持课程建设与国际前沿及产业发展俱进,实现产业真实案例、需求与课堂教学的有机互动;他关注工程实践与创新能力的培养与平台的搭建,持续体系化迭代课程内容,探索课程思政建设的方法经验,助力计算机 A+学科的创新人才培养。此课程先后入选首批"华为-上海交通大学 ICT 教改课程"、2022 年上海交通大学一流本科课程、2023 年国家级一流本科课程。

他还推进"移动智能感知与计算"研究生课程的授课与考核方式改革,建设校内首个高质量 MAC 移动开发实验平台,激发了学生的创新研究热情。以课程项目为基础,获批了 16 项软件著作权;2016—2017 年连续荣获两届教育部"下一代互联网技术创新大赛"一等奖、2018 年 IEEE Vehicular Networking 国际大会的创新应用奖(全球 3 项)、2020 年 IEEE Comsoc 国际通信学会学生竞赛优胜奖(亚洲 2 项)等大奖;2017—2018 年连续两次获得教育部新工科建设"产学研协

同育人项目"支持,获评 2020 年上海交通大学首届"双一流"优质研究生课程;2022 年课程评教位列全校前茅。

从无到有,构建复合型创新人才培养体系

薛广涛在 2016—2024 年担任电院副院长,负责研究生教学。2016 年起牵头筹建了电院工程管理硕士点,面向信息技术在各行各业的渗透和应用,充分发挥电院信息学科大类集群优势,以匹配大类领域能力需求和课程模块能力培养全覆盖为原则,构建一套开放共享的信息领域复合型人才培养课程体系,解决了专业类型繁多、需求差异巨大的问题。汇聚 8 个一级学科(计算机、控制、电气、电子、通信、仪器、网络空间安全和集成电路)科研教学师资等优质资源,聚焦国家重点企事业工程一线和管理人才教育提升的重大需求,构建了"价值引领、技术扎实、管理精通、前沿拓展"的工程管理硕士创新人才培养体系,打造了"基础前沿融合"的课程教学体系,构建了"全流程覆盖"的质量保证体系,实现了从无到有,从弱到强的跨域式发展。目前,电院工程管理硕士的录取分数线、招生数量都位居全国首位。

2018 年 9 月首届学生入学以来,经过 6 年的培养实践,累计超过 1 406 名学生接受了全面的工程管理理论与实践教育;年均超过 200 人进入联培企业等实践基地,进行工程管理实战演练;年均超过 100 人参加案例大赛、创新创业大赛等;近三年累计获得科技类、管理类、创业类奖项 39 项(其中包括 2023 年中国研究生工程管理案例大赛全国冠军、2020 年"创青春"上海青年创新创业大赛一等奖、2020 年上海市科技进步奖一等奖、2020 年上海市产业青年创新大赛优秀奖、2019 年博世科技创新大赛软件创新二等奖等),部分成果取得显著的社会与经济效益。

薛广涛作为指导教师带队首次获 2023 年第二届中国研究生工程管理案例大赛一等奖(全国冠军);主持的研究生教学改革系列成果也获得了 2023 年国家教学成果二等奖、2022 年上海市教学成果一等奖(排名第一)、2021 年上海交通大学教学成果特等奖(排名第一)、2023 年上海交通大学教学成果一等奖(排名第一)。

精耕示范,树立价值使命引领

瞄准全球学术前沿突破,对接国家重大战略需求,营造优质的可持续发展科研创新环境,薛广涛连续主持了国家基金委重点项目、科技部重点研发项目、JKW 等国家级项目。依托高水平科研项目,他以学者榜样身先士卒,督促学生苦练扎实的基础理论内功,带领团队同心协力攀登学术高峰;聚焦学科领域的重点难点问题,厚积薄发,勇担使命;对接国家需求,解决领域"卡脖子"关键技术挑战。部分研究成果已经应用于航天关键器件的感知监测、阿里云智能运维与在线故障检测、市政民生服务平台大数据治理等。他于 2022 年荣获上海市技术发明一等奖(第一完成人)。

近五年来,他指导学生发表高水平学术论文 86 篇,其中中国计算机学会推荐的 CCF A 类论文 28 篇,一些论文先后荣获中国计算机学会推荐 CCF A 类的计算机存储领域顶级国际会议 FAST 2023 最佳论文奖(创会 21 届以来中国首次获得)、IPCCC 2022、IEEE ICCD 2020 最佳论文奖、IEEE ICPADS 2019 最佳学生论文奖、2021 年世界人工智能大会"青年优秀论文"提名奖等多个奖项;指导博士生先后荣获 2022 年上海市计算机学会优博论文奖(上海 2 篇)、ACM 上海优博奖(排名第一)、ACM 中国优博奖提名(优博及提名奖全国共 5 位)以及首届国自然青年学生基础研究项目(博士研究生)。

薛广涛立足教师岗位引导学生励志投身服务国家战略的各个方向,紧抓校企联合培养、构建强有力的价值引领策略,"三全育人"成效斐然。他长期担任本科生班主任,关注本科生的人生第一粒情怀纽扣,获评 2021 年上海交通大学"优秀班主任"。近三年,所有博士毕业生实现高层次"学术"与"双创"就业,其中 5 名入职学术岗位(电子科大特聘研究员 1 位、新加坡国立博士后 1 位、交大留校 2 位、微软亚洲研究院 1 位),1 位创办了卫星激光通信企业"氪星光联"(位居行业前三,估值达 8.5 亿,目前已实现产品设备的在轨验证)。

他深入国防产业一线担任电磁散射国防重点实验室客座教授,与航天八院802 所等重点企业开展长期合作,联合指导研究生。通过言传身教与使命引领,硕士毕业生中涌现一批投身基层服务、西部支教、国防事业等一线岗位的优秀学生代表。2022 届硕士生童侠通选调浙江台州,2022 届硕士生任前飞支教内蒙古伊金霍洛旗;2021 届硕士生陈以恒入职航天八院,2024 届硕士生邓沛岩入职航天科技 615 所。

薛广涛以坚定的理想信念和优异的育人成果诠释了交大计算机人的"永强精神"。2024 年初始,他担任计算机科学与工程系党总支书记,继续推进计算机系的全域"党建+"大系统的完善,合全系上下之力落实"立德树人"这一根本任务,带领全系教师潜心教学育人第一线、做好技术人才引路人,在不断的开拓创新之中为一流学科建设与产业技术研发继续添砖加瓦。

许振明：挖掘城市矿山，铸就"真金白银"

【名师名片】

许振明，上海交通大学 2024 年"教书育人奖"二等奖获得者。上海交通大学环境科学与工程学院特聘教授。教育部"新世纪优秀人才支持计划"入选者，中国高被引学者，曾获教育部高等学校科学研究优秀成果技术发明一等奖，上海交通大学"凯原"十佳教师、教学成果奖。培养的研究生荣获全国优秀博士论文提名奖、国家自然科学基金青年学生项目立项、上海市优秀博士、硕士论文，以及高廷耀青年博士杰出人才奖学金；指导的本科生荣获中国国际大学生创新大赛金奖和上海交通大学 1%优异学士论文奖。

【名师名言】

■ 从"城市矿山"中可开采金、银等贵金属，同样也可培养一批"真金白银"的人才。

■ 制造电子电器产品，需要高科技，科学地回收处理"电子垃圾"也需要高科技，甚至比制造更难！

■ 要根据学生特点，用"把脉式"方法定制个性化成材方案，培养科学思维和独立研究能力，以促进毕业后的快速发展。

许振明是城市矿山开发与污染控制团队负责人,他从城市矿山中开采金、银等贵金属,同样培养出高校思政工作青年骨干队伍建设项目获得者、教育部青年长江学者、首届国家自然科学基金青年学生项目获得者、中国国际大学生创新大赛金奖得主等一批"真金白银"的时代青年。许振明既是教学的"教书匠",也是育人的"大先生",于真理行学生之前,于疑惑伴学生之侧,于成功立学生之后,在涵养学生家国情怀的同时精进学生的立身之本,让同学们在科研生活中感受城市矿山"资源循环之美"和"资源循环之用"。

立德树人,倾心教书育人——躬耕教坛二十载

许振明采用"科研式"教学法,将学科前沿知识、国家战略需求和职业发展融合,注重培养环境人"绿水青山就是金山银山"的家国情怀与科研潜质。他主讲"环境工程与原理""电子废弃物-资源-环境"等课程,牵头建设博士生课程"环境科学与工程学科前沿进展",年平均86学时,广受好评。学生们认为,许振明的教学让他们理解了学习的意义和应用,明确了学习的方向。

随着电子产品更新换代,电子废弃物问题日益严重。这些电子废弃物不仅含金、银、钯、铜等战略金属资源,也含重金属、有机物等有毒有害物质。若处理不当,将对环境和人类健康构成严重威胁,电子废弃物的资源化处理是一个涉及资源和环境的重要课题。因此,自2016年起,许振明结合其研究成果开设了"电子废弃物-资源-环境"新生研讨课,吸引了多个学院的学生。该课程帮助学生跳出单一的专业教育框架,从环保、资源、安全等多维度视角审视产品的生命周期。通过课程学习,学生将为推动资源节约型、集约型社会的建设以及实现绿色低碳发展作出积极贡献。同时,这一课程也提升了学生的科学素养、工程意识和科研能力。

许振明对学生有如父亲般关爱,他不但在学业上给予学生指导,在生活上也给予无私的帮助与关心。2020年,一名在读博士生的幼子刚满半岁被检查出先天性耳疾,治疗费用高达三十多万,这对一个博士生是个天文数字。当许振明得知他借遍亲朋好友尚缺十余万手术费时,立即多方筹措、组织募捐。孩子的手术

非常顺利,学生也得以安心继续求学并以优异成绩毕业,获得了高廷耀青年博士生杰出人才奖学金和博士生国家奖学金等。

追求卓越,潜心科学研究——育人与科研并重

许振明秉承"育人与科研并重,教学相长"的理念。他深耕"城市矿山"开采领域,助力国家"双碳"目标。他主持科技部重点研发固废专项项目、重点研发循环经济专项课题、国家自然基金重点项目、面上项目、企业横向项目等十余项,总经费超 3 000 万。近 5 年发表 SCI 论文 100 余篇,其中 PNAS 2 篇、*Chemical Reviews* 1 篇、*Environmental Science & Technology* 10 余篇;授权发明专利十余件,制定团体标准两项,软件著作授权两件。许老师连续三年入选"中国高被引学者",并获多项科研奖项。

"长江经济带"既是我国经济高度发达区域,也是城市矿产类固废产生的高度集聚区。许振明结合这个特点,以典型的废玻璃(低值)、废家电、汽车(中值)、高值汽车零部件类固废(高值)等城市矿产类固废为研究对象,以削减城市矿产基地污染物排放为目标,以全流程绿色化、智能化、信息化技术为抓手,突破智能精准分类、智能组合分选、机器人辅助智能拆解、环保管家大数据平台构建等关键技术,形成城市矿产基地全过程信息化控制体系和商业运行模式,提升我国城市矿产类固废的处理和管控能力。他的研究结果对实施"长江大保护"国家战略、"无废城市"建设,优化提升城市矿产基体的处理技术与管理水平,具有重要的示范意义与推广价值,环境、经济和社会效益显著。

许振明的研究成果已在五省两市落地,包括中央国家涉密载体中心、上海燕龙基再生资源利用有限公司、上海新金桥环保有限公司、上海新孚美变速箱技术服务有限公司、扬州宁达环保有限公司、福建龙马环保科技有限公司、江西格林循环有限公司、云南龙蕴科技环保股份有限公司、广州中滔集团等政府机关和行业龙头企业。转让经费超 2 000 万,为我国循环经济产业链做出重要贡献。

许振明所指导的学生在科研方面表现突出。近五年来,他指导的学生以第一作者发表 SCI 论文 100 余篇,包括国际顶尖期刊。他培养学生时特别强调家

国情怀。2010 年，世界各地大部分电子垃圾流向中国南方某地，国外同行误认为我国采用露天焚烧、强酸"洗金"的原始的、环境污染严重的方法进行回收，这对我国形象造成极大的负面影响。面对这一问题，他找来刚进团队的一名硕士，语重心长地讲："作为一名科研工作者，有责任向世界同行展示当今中国已开展环境友好型回收和处理电子废弃物。"在许振明鼓励下，该生通过大量的文献阅读，结合自己团队已有的研究成果撰写了一篇题为 *Response to Waste Electrical and Electronic Equipments in China: Legislation, recycling system, and advanced integrated process* 的论文，并发表在环境领域顶刊 *Environmental Science & Technology* 上，该文向国际社会阐明了中国已建立了完善的电子废弃物回收和处理回收体系，处理技术已达到国际领先水平。该论文被引上百次，改变了该领域国际学者们对我国的认识。

因材施教，甘为人梯——聚是一团火，散是满天星

许振明以中医"把脉式"方法指导研究生。根据每位学生的职业规划、能力和特长定制研究课题，有效培养了他们的科学思维和独立研究能力，促进了毕业后快速发展。

2007 级硕士毕业生路洪洲，现任九三学社中央参政党理论研究中心研究员、中信金属高级经理，毕业后仍然保持在交大读书时养成的研究习惯。2020 年以唯一通讯作者身份在 *Science* 发表学术论文，并成为集团高级专家。

2019 级博士毕业生牛博，在许振明指导下获得多项荣誉。博士后出站后以太行学者、校聘教授身份加入河北农业大学，并在 *Nature Reviews Chemistry* 和 PNAS 上发表学术论文，实现了河北农业大学在该期刊论文发表零的突破。

2006 级硕士生郭久勇，现任广东佛山生态环境局执法队长，他这样评价许振明："刚入学时，我担心自己基础薄弱、能力不足。许老师常鼓励我'英雄不问出处，成功须努力'，让我重拾自信。"硕士期间，郭久勇发表了两篇文章，并获得了上海市优秀硕士论文奖，以优秀毕业生身份走出了校园。除了学术上的成长外，许振明对待学生一视同仁、有教无类的为师品格成为他终身受用的精神

食粮。

此外，许振明还培养出上海交通大学高校思想政治工作青年骨干队伍建设项目获得者侯士兵教授，中山大学教育部青年长江学者、国家重点研发计划项目首席阮菊俊教授，格林循环有限公司"万人计划"获得者秦玉飞董事长，苏伊士环境检测技术（中国区）有限公司总经理杨义晨博士，东方证券首席分析师卢日鑫研究员等在内的一批"真金白银"时代青年。

虽然很多学生已走上工作岗位，成为环保、金融、教育等多个行业的精英，但他们仍是一个团队，是许振明永不毕业的学生。许振明带领他们开采城市矿山，连续承担"十三五"国家重点研发计划固废专项项目和"十四五"国家重点研发计划循环经济项目，为实现"碳中和"和"双碳"目标、保障国家战略金属安全贡献力量，成为国内领先、国际知名的资源循环研究团队。毕业生阮菊俊这样评价许振明："我获得博士学位后，自以为学成出师，不料却在实际工作中四处碰壁，不得其法、屡陷低谷。幸得许老师于我困苦中施以援手，不辞辛劳地帮我剖析科研思路，字斟句酌地修改申请材料，我才得以从低谷中走出，不断前行。如果说人生就像风筝竞逐天空，那许老师就是帮我把控风筝线的人。在我闯荡时，放手让我去闯；在我偏离方向时，及时纠正我的航向。"

李吉有：谱写美丽方程式，甘做麦田守望者

【名师名片】

　　李吉有，上海交通大学2024年"教书育人奖"二等奖获得者。上海交通大学教授、博士生导师、数学科学学院工会主席、学院本科教学委员会主任。2018年荣获上海交通大学烛光奖一等奖；2019年荣获上海交通大学教学成果特等奖；2020年荣获第十届"凯原十佳"教师称号；2022年获上海市教学成果二等奖(主要参与人)。2023年作为首届"强基计划"班主任被评为校十佳班主任。他还获得了数学科学学院首届青年教师教学比赛第一名、上海交通大学青年教师教学比赛二等奖等奖励。

【名师名言】

　　■ 问题是科学的灵魂。用自然的问题链驱动课堂进程有助于激发学生学习兴趣。课堂口头禅："这是一个非常好的问题。"

　　■ 学生的可塑性和潜力是无限的，教学上多花的每一分钟都可能会对他们的未来产生积极影响。

　　■ 我们以身作则，去帮助学生发现其最热爱、最擅长与最应该做的事。

2024 年，数学科学学院李吉有荣获了上海交通大学 2024 年度"教书育人奖"二等奖。对于一名青年教师来说，这是莫大的荣誉，更是巨大的鞭策与鼓励。

李吉有，上海交通大学教授、博士生导师、数学科学学院工会主席、学院本科教学委员会主任。他长期耕耘在人才培养工作一线，2018 年荣获上海交通大学烛光奖一等奖；2019 年荣获上海交通大学教学成果特等奖；2020 年荣获第十届"凯原十佳"教师称号；2022 年获上海市教学成果二等奖（主要参与人）；2023 年作为首届"强基计划"班主任被评为校十佳班主任。

从教十六年以来，李吉有一直全身心投入他热爱的教学事业，学生们普遍反馈"李老师给我们上课时的眼睛都是放着光的""李老师对数学的热情深深影响了我""李吉有老师极具人格魅力"。他长期投身基础课程教学，潜心教书育人，激发学生学习兴趣，勉励学生投身国家基础科学研究，获得了学院师生的广泛赞誉和高度认可。

深耕三尺讲台，潜心教书育人

"为国家培养优秀数学人才"是李吉有从事教育工作十六年的梦想，他把为党育人，为国育才作为自己从教的初心使命。李吉有一直坚持在人才培养一线辛勤耕耘。他高度重视课堂教学，基础课程坚持板书教学，每节课讲授坚持精益求精，通过深入浅出的课堂教授把难懂抽象的数学概念化难为易，清晰讲授数学知识内在逻辑体系；他秉承追根求源理念，强调知识创造的过程，引导学生思考并发问，由此激发学生的质疑精神和研究兴趣，培养独立人格和引领创新品质。他认为，点燃每一名学生的理想之光，激发每一名学生的内在潜力，实现每一名同学的价值，是他面临的最大责任和挑战。他经常对学生说："我们交大的学生要努力实现自己的最大价值，做国家最需要和自己最热爱的事情。"

李吉有坚持教学远不只是课堂教学，要真正影响学生，教师要以身示范，必须要保持强烈的好奇心，保持学习新知识和创造性思考的习惯。李吉有针对数学基础课程的特点，特别重视每门课程尤其是新生课程的"开学第一堂课"。从国家面临的卡脖子问题到当前人工智能的热点问题,从数学在人文教育中的重要价值到数学无所不在的应用……从"战略"层面引导学生认识到基础课程的长远核心价值,进而产生根本的学习动力,帮助学生克服对数学抽象的恐惧和不适应,掌握更加高效的学习方法。

　　课堂是师生互动、教学相长的主阵地。李吉有的课堂总是气氛活跃,充满了思辨的气息。他善于用精心设计的问题去逐步引导学生,进而培养学生的逻辑思维能力和问题解决能力。他常对同学们说:"问题是数学的心脏。首先要敢于经常提问题,然后逐渐学会提好的问题。好的问题可能远比答案重要。你们把我问'倒',或者挑出我黑板上算式的每一处'错误'我都会特别高兴。"他还善于通过课堂测验、课堂问卷、大作业、口试和答辩式展示等多种方式灵活考查学生的知识掌握情况。"学生的可塑性和潜力是无限的,教师多花的每一分钟都可能会对他们未来的发展产生积极影响。"回想起每一届学生眼中闪烁的求知光芒,他总是说:"引导他们学会思考和学习,我们责任重大,责无旁贷。"

　　课堂和答疑时间之外,李吉有对待学生的提问同样非常用心,学生提问的邮件几乎都是"秒回"。李吉有总是鼓励学生用邮件提问,既可以锻炼写作、增加思考时间,又可以减少对手机和微信的依赖。他承诺同学们对课程问题提问的邮件在他的待办事项中具有最高优先级。这种认真对待每一名学生的每一个问题的态度极大地感染了学生,也让学生更加用心地对待每一个遇到的学习问题,穷极思考去发掘数字中的真谛,实现从高中向大学,甚至从数学爱好者向"数学研究者"转变,为同学们未来从事科研工作奠定了基本的学术交流规范和技能。

　　李吉有这种"润物细无声"式的付出也获得了回报。他上学期高等代数评教为 A1,且考试成绩显示绝大部分学生很好地掌握了课程主要教学内容。多名学生自发组织了读书讨论班。同学们在主观评价中写道:"李吉有老师极具人格魅力,上课有激情,讲课风趣,思路清晰。""李老师上课思路非常清晰,且经常对课堂知识进行拓展,极能引发同学们的学习兴趣,是非常好的老师!""李老师讲课非常有意思,会在给出证明前让同学们先思考。鼓励同学们在课上或下课后提问,鼓励课上学生提出自己的想法,在课间他也常常会加入同学们的讨论中。"

李吉有独特的教学方法助力他获得了数学科学学院首届青年教师教学比赛第一名、上海交通大学第三届青年教师教学比赛二等奖等佳绩。

李吉有坚持将"教书"和"育人"有机融合,把专业知识讲授和价值引领有机结合,把对于人才的培养从课堂延伸至课下。他应邀担任首届强基计划班主任,通过广泛开展谈心谈话、定期组织班会、与学生共同参与文体活动等形式,密切关注学生的身心健康、学业规划及未来发展,用情育人,润物无声;多次为学生提供学业及心理辅导,用心做事,授业解惑,获得了学生的高度评价与一致认可。在李吉有的关心与指导下,F2007102班整体表现优异,2023年班级学术深造率为100%,14名学生全部直博本校数学、统计学、计算机科学与技术、控制科学与工程等专业,其中两名学生入选致远博士生荣誉计划。到电院深造的赵长泉同学已在PNAS上发表文章;强基学生中一名学生获第十四届全国大学生数学竞赛决赛二等奖,一名学生获第十四届全国大学生数学竞赛上海市一等奖,两名学生获二等奖,三名学生获全国大学生数学建模竞赛上海市二等奖。2023年,李吉有荣获十佳班主任称号。

无论是作为班主任,还是任课老师,李吉有总是特别重视美育。他认为,美育有助于学生树立为国家作贡献的远大理想,学生丰富的感情世界有助于产生科学中的创新思想。他以身作则,尝试将美育贯穿于教育教学全过程,以美育人、以美培元,引导学生全面发展。李老师是一个热爱音乐的人,他在繁忙的工作中抽出时间参加交大教师合唱团并多次为毕业生演出,多次和新生共同参加"一二·九"师生歌会,并曾获二等奖的佳绩。他总是积极引导学生参与校园文化活动,认为这些活动既能陶冶情操,又能让人放松身心、融入集体。此外,李吉有还是一名体育运动爱好者,是学校教工游泳队的成员。作为2020级强基计划班主任,他鼓励班级学生组队养成定期运动的习惯,在体育锻炼中保持积极向上的精神风貌。

坚持守正创新,积极投身教学改革

2008年,李吉有进入上海交通大学任教。他配合学院快速发展和教学发展需要,积极主动地承担多种类型课程,先后主讲了十余门不同的数学课程:从本科生公共课"线性代数"到研究生公共课"矩阵理论",从专业课"高等代数""抽象代数""编码密码""图与网络""代数拓扑"到博士研究生前沿课"数论中的加法组合",再到全校通识课"数学的天空"等,他扎根一线教学岗位,平均每学年授课 166 学时以上,以实际行动践行"教书育人"理念,以青春和智慧为基础学科的课程建设贡献力量。

长期以来,李吉有总是以开阔的视野推动人才培养改革。人工智能的基础是数学,其中"高等代数"起到了至关重要的作用。在科技飞速发展的时代中,如何改变旧有的教学内容和教学方式,加强数学基础课教学,迫在眉睫。"高等代数"更是数学和统计专业学生最重要的基础课程之一。自 2017 年起,李吉有率领高等代数团队仔细分析国内外一些主要教材的优缺点,对"高等代数"课程进行了教学改革,重写了教学大纲,启用了新教材,在教学中更加注重几何直观,注重思想性、逻辑性、高阶性,注重理论与实际应用的紧密联系,取得了显著的效果。学生在后续高阶课程中表现突出,获得了兄弟院校的高度评价。课程改革后的首届理科班学生在后续课程中课堂表现活跃,整体成绩优异,67 名毕业生中有 52 名同学继续深造,其中 34 名同学赴哥伦比亚大学、东京大学、清华大学、北京大学、上海交通大学、复旦大学等国内外一流大学深造。

作为第二课程负责人,李吉有深度参与了"数学的天空"的课程建设,该课程于 2023 年通过上海市重点课程验收,目前已成功申报国家一流课程。该课程的配套教材围绕费马大定理、黎曼猜想、庞加莱猜想三大数学问题,介绍了相关数学基础、历史背景、理论方法、研究路线以及研究现状,以通俗易懂的方式将深奥晦涩的数学知识娓娓道来,销量一万二千册,受到上海市科委的高度重视,在国内尤其是数学科普界产生了广泛影响。

作为数学学院本科教学委员会主任,李吉有发挥自己作为一名教学业务突出的一线专业教师的优势,深度参与了学院多项教学改革和培养方案改革,积极组织青年教师教学竞赛,为新入职的青年教师进行教学辅导,持续提升青年教师教学能力,为学院教学工作作出了突出贡献。

潜心科学研究，助力教学发展

李吉有把科研作为教学工作的源头活水，积极将科研心得融入人才培养中，不断拓展拔尖人才培养的深度与厚度。谈到科研与教学的关系，李吉有认为："科研是探索与创造的过程，没有高水平的科研积累和对研究的内驱动力，难以从根本上向学生传达探索的快乐和创造的喜悦。"

李吉有的主要研究领域是组合数论、代数编码以及密码中的数学问题。数论是数学中最古老的一个分支，非常"纯粹"，也极具挑战性。"坚持做以兴趣为导向的基础科学研究非常重要"，他经常对学生说，"以数论为例，上世纪七十年代之前几乎没人会想到数论能应用于我们的现实世界，可是后来数论在密码学和通信理论甚至理论物理学中的广泛应用和深刻联系显示了理论基础研究的潜在价值，同学们的每次网上在线交易，事实上都有数论为基础的信息安全技术在后面保驾护航。"李吉有常对同学们说起从科研工作中得到的体会，例如"简单、优美、精确和灵感"是好数学的四个核心要素。

李吉有主持过多项国家自然科学基金，参与国家自然科学基金重点项目和科技部重点研发计划等项目。他长期与著名数论学家、加州大学万大庆教授等人合作，瞄准前沿研究领域，在有限域上的算术问题、代数编码理论等领域取得了一系列原创性成果。其中包括具有原创性、应用广泛、在组合数论领域为人熟知的"李-万"筛法公式。李吉有还因为这些工作受邀在麻省理工学院担任了一年的访问副教授。

李吉有坚持教学相长，注重把自己对科学的热爱、科研前沿进展以及长期从事研究的经验体会融入人才培养，坚持以开阔的视野思考人才培养工作。针对拔尖学生，李老师积极贯彻学校"发现交大 1% 的'天才'、培养'未来的钱学森'"的目标理念，受邀担任第一批"伯乐计划"执行导师，指导黄睿智同学进行数论研究，通过组织定期讨论班、定期讨论等方式用高标准高强度快速提升学生的数学水平和科研能力。他长期担任本科生导师，多次担任班主任、学生大创项目导师及 PRP 项目导师，积极组织本科生讨论班，热情投身数学竞赛辅导、数模竞赛辅导、青苗学堂名师辅导等活动;在课堂上倾囊相授,在课堂外亦师亦友,用自己对数学的热爱和坚持去影响和激发学生的科研兴趣和求学热情。在他和学院老师们的指导下,近年来多名学生获得奖牌或优胜奖;程靖普、唐国栋、周顾、王一楠等获全国大学生数学竞赛决赛一等奖。

传播数学文化,助力思维碰撞

李吉有积极参与数学科普,热衷传播数学文化。2021年,他受邀在中国工业与应用数学大会上作大会科普邀请报告,对基础数学理论,尤其是数论在现代密码学中的重要应用做了详细介绍。2023年、2024年,他两次在全国数学文化会议上作报告,分别阐述了2022年两位菲尔兹奖获得者的主要工作。近年来,他应邀在西安交通大学、山东大学、国防科技大学、上海科技大学、南京师范大学、交大附中嘉定分校、附属马桥实验学校、江西师大附中等国内多所高校和中小学进行数学科普活动,也多次为我校师生普及介绍数学领域的前沿动态和重要进展。

十六年光阴荏苒,初心依旧。回顾过往,李吉有在课堂中循循善诱,在学术中孜孜以求,在生活中和蔼可亲。他悉心点拨、琢璞成玉,以独特的教学方式与卓越的价值追求不断拓宽学生知识的疆界。"学高为师,身正为范",李吉有长期耕耘在教育科研工作一线,始终坚守对事业的挚爱和对学生高度的责任感,将热情投注于三尺讲台之上。他以大爱之心关心关注学生,传授与启发相结合,助力学生成长成才,践行立德树人的初心使命,不断谱写教书育人的新篇章!

王旭东：立德树人，培根铸魂

【名师名片】

王旭东，上海交通大学 2024 年"教书育人奖"二等奖获得者。上海交通大学医学院教授。上海交通医学院附属第九人民医院口腔颌面外科住规培基地主任、口腔颌面外科学系副主任、口腔颅颌面科教研室主任。国际内固定组织（AOCMF）线上讲师和大师班讲师、德国国立杜易斯堡-埃森大学口腔医学院客座教授。主任医师，博士生导师。现任上海交通大学医学院附属第九人民医院副院长，国家口腔医学中心（上海）副主任，上海交通大学数字医学研究院副院长。国家重点研发计划首席科学家、国家健康科普专家。荣获宝钢优秀教师奖、上海市育才奖、上海住院医师规范化培训优秀指导医师和上海交通大学"凯原"十佳教师奖等荣誉。

【名师名言】

■ 老师要以身示教，在点滴学习工作中，培育引导学生树立正确的价值观和行为准则，成为有大爱、大德、大情怀的"交医人"。

■ 无论学生以后去到哪里，都会感怀并不时回想"三1班"的班训："诚实为人，认真做事，爱拼敢赢，有容乃道"。

■ 勤思、进取、诚信、仁和。我们要打造的是一支立德树人，培根铸魂的优秀教学团队，为未来培养专业且有温度的口腔颌面外科医师！

作为"交医人",他一直秉持"博极医源,精勤不倦"的学院精神,践行一代代口外人"知行合一"的文化传承。他是创造患者美貌的医者,还是塑造人类灵魂的工程师,他就是上海交通大学医学院附属第九人民医院副院长、口腔颌面外科住院医师规培基地主任、口腔颌面外科学系副主任、口腔医学院口腔颅颌面科教研室主任及博士生导师——王旭东教授。

国无德不兴,人无德不立。王旭东认为青年人肩负时代重任,应立志高远,砥砺奋斗,自强不息。立德铸魂是通过德育教育来塑造和培养学生的精神支柱。教师要加强品德修养,以身示教,在点滴学习工作中,培育引导学生树立正确的价值观和行为准则,踏踏实实修好品德,成为有大爱、大德、大情怀的人。

"育人之本,在于立德铸魂"

"谢谢老师的关心,在这里得到了很多锻炼。需要独立面对很多问题时,才真正感受到咱们平时的医疗规范流程和医疗原则有多么重要。感恩成长路上老师的教育和指导,谆谆教诲铭记于心,祝老师节日快乐!"这是上海援疆医疗队队员,同时也是王旭东的学生,在 2024 年教师节之际的真挚感言与节日祝福。

一年多前,王旭东专门找来这位即将远赴新疆喀什医疗支援的学生,对他郑重嘱托:"一年半的援疆工作是非常宝贵的锻炼机会,你将从一名普通的医生转化为技术的推广者和科室的管理者,这是一个全新的挑战。技术上要言传身教,将技术本地化,留下一支带不走的团队;管理上要结合当地实际情况,规范诊疗流程,严格执行。"作为一名老师,王旭东一直相信"育人之本,在于立德铸魂"。他教导学生要胸怀大局,深刻认识时代重任,践行交医人"报效祖国、服务人民"的使命。

王旭东始终坚守"知行合一、以知促行、以行求知"的教育理念。为坚定莘莘学子成为医者的理想信念,他在交大给新生们的职业生涯规划课上,讲述了自己如何从小医生成为大医者的医路故事,希望以自己的亲身经历,激励学生树立远大志向,勤奋努力,从小事做起,臻善臻美。

他积极推进教育改革与创新,注重改进教学方法和丰富教学内容。通过翻转课堂、模拟教学、病例讨论、PBL等多种教学手段,激发学生们的学习兴趣和创新思维,培养他们的临床技能和科研能力。他除了主讲局部解剖学、牙颌面畸形等两门口腔医学本科生必修课外,负责的"口腔医学生创新创业规划""医师与患者"两门本科选修课程在同类院校中的受欢迎程度也是遥遥领先。他带领团队获评上海交通大学教学成果二等奖,"口腔医学生创新创业规划"课程获得了上海市重点课程立项。

王旭东不仅在课堂上教授医学理论知识,让学生们明白生命是整体、系统、协同的,医学是直面生命的科学;医学不只是"死记硬背",要知其然,知其所以然,还要灵活运用逻辑思维、系统思维、辩证思维、创新思维和科学思维。他还是医学院的"临床前导师","荣昶-博医"卓越医学生培养计划的首期博医导师,在学生们早期接触临床阶段,为他们搭建广阔平台,提供优质资源,感受医学人文关怀,拓展学科视野。

王旭东和他的学生们有一个师生微信群,学生给这个群取名为"三1班",因为三横一竖就是"王"的笔画,横平竖直就像做人应保有的正直品行一样。他真诚地希望"诚实为人,认真做事,爱拼敢赢,有容乃道"能成为每个学生心中念念不忘所遵循的"道"。

"教师是立教之本、兴教之源"

夜晚,你总能看到王旭东办公室的灯一直亮着,直到组里的最后一台手术结束。王旭东遵循的为师之道,是一代代口外前辈们薪火相传下来的。以前曾经听他讲过,他和他的导师邱蔚六院士之间的一则小故事。那时王旭东还是一名住院医师,有一次医院主办了一场学术会议,他有一个口头汇报需要制作讲课的幻灯片。以前的幻灯片是需要手工绘制的反转片,必须放在投影机里才能放映。临近汇报,王旭东发现他意外地弄丢了幻灯片,慌忙之下,不知所措。此时,一旁的邱老师也发现了这个情况,邱老师不动声色地拍了拍王旭东说,"走,跟我回医院看门诊去。"导师的话,安抚了深深陷入自责、不知所措的王旭东。于是那个下午他跟着邱老师的车回到了医院,投入到了忙碌的临床工作中,让他忘却了在会场时的尴尬情形。直到现在,每每回忆起那段经历,他还时常会感念导师的做法,既让他脱离了当时的困境,又维护了他的自尊和"面子"。有时候,老师,就是这样润物细无声。现在的他,也成为一名老师,也是这样默默地在为青年医生们保驾护航,既要让他们能训练有素地精进手术技艺,又能"安全地"茁壮成长。他把重点术式标准化、流程化,每次碰到组里来了新的青年医生他都把手术步骤重新讲解一遍。对于青年医师,"切口-翻瓣-截骨-固定-缝合",每个步骤逐一过关,先易后难,"切口-翻瓣-缝合"步骤不达标,不得进行"截骨-固定"。每当组里的青年医师独立主刀前,他都会让他们先行"说刀":闭上双眼,集中注意力,在脑海中像过电影一样想象每一个手术步骤;然后再用语言叙述一遍手术步骤;他再逐一进行口头纠正,像"下盲棋"一样进行指导,然后才能独自进行实战操作。他的口头禅是:如果一个外科医生无法用语言将手术步骤清晰明了地表达出来,说明之前他所谓的"会开刀"可能不是真的理解,而是碰巧"做对了"。只有理解了,成为自己的东西了,才能用自己的语言进行清晰的表达。

教师是人类灵魂的工程师,是人类文明的传承者,承载着传播知识、传播思想、传播真理,塑造灵魂、塑造生命、塑造新人的时代重任。王旭东曾经担任科主任多年,他深知青年人才建设是学科建设的根本动力。而教师是立教之本、兴教之源,要培养专业且有温度的口腔颌面外科医师,就要建设一支优秀的临床教学师资团队。多年来,他不断琢磨,反复思考,最终将"勤思、进取、诚信、仁和"八字,写入口腔颅颌面科科训之中。

作为口腔颌面外科住规培基地主任,他在住培一体化培养方面积极探索,申请建设教学平台及教学团队,包括上海交通大学交叉学科创新人才培养基地、上海九院口腔颅颌面先天性与发育性颅颌面畸形临床见习教学激励团队等,获评2023年上海市"唯爱医师学苑"教学团队长。

王旭东带领的口腔颅颌面科教学师资团队,聚焦交医人才培养的根本任务,不断优化人才培养方案,积极开展一系列特色课程教学和实践活动,如"班导师""临床前导师""践行杏林""大学生创新计划"等。在活动中,他激发学生无限潜能,赋能学生成长成才。学生和老师互相成就,师资团队中多名教学骨干获评第六届上海市青年教师教学竞赛一等奖、上海市教学能手、上海交通大学"教学新秀"提名奖、上药杏林-育才奖、医学院优秀班导师等荣誉称号。口腔颅颌面科教学师资团队不断总结凝练创新人才培养的经验,团队的品牌效应也日渐彰显。

"青年盛,则国盛;医学强,则国强"

青年是国家的未来,医学的强盛关系到国家的健康和人民的福祉。习近平总书记曾强调,青年是整个社会力量中最积极、最有生气的力量,国家的希望在青年,民族的未来在青年。

作为导师,他鼓励研究生们积极发挥创造力,脚踏实地,为学生提供国际交流平台与展示机会。他的博士研究生曾获国家留学基金委资助前往美国辛辛那提儿童医院发育生物学中心联合培养,并且在第96届国际牙科研究会(International Association for Dental Research,IADR),获颅颌面发育 Bernard Sarnat 奖,成为比赛中唯一来自中国医学院校的获奖者。2024年在美国召开的第102届 IADR 会议上,他的又一博士生在颅颌面生物学组获得 Craniofacial Biology Group Award 冠军,在国际学术舞台上展示了中国青年医师的风采。此外,他的多名研究生还获得了上海交通大学"优秀毕业生"、上海交通大学"三好学生"、上海交通大学医学院"博士后激励"计划、上海交通大学医学院"博士创新基金"。他始终相信,"青年盛,则国盛;医学强,则国强"。

王旭东深耕口腔颅颌面部先天性及发育性畸形领域三十余载,主要研究颅颌面发育与畸形发生机制;数字化与人工智能应用颅颌面缺损与畸形诊疗关键技术研发与应用;颅颌面部新型修复材料的研发。王旭东担任国家重点研发计划首席科学家、国家健康科普专家、中华口腔医学会口腔颌面创伤及正颌专委会主任委员、中华口腔医学会口腔遗传病与罕见病专委会副主任委员、中国医师协会口腔医师分会第六届委员会分会副会长。近5年主持国家重点研发项目、国自然等课题20余项,发表 SCI 论文110余篇,授权国家专利65项,出版专著11部。荣获上海市东方英才计划领军项目、上海市优秀学科带头人、上海市科技启明星、张江国家自主创新示范区杰出创新创业人才、上海市科技进步二等奖、中华口腔医学会科技奖二等奖。在国际范围内固定组织大师班技术示教,主办"一带一路"国际医学教育培训班,推动成立"中德口腔颌面外科培训中心",近 5 年国际培训超千人,辐射 33 个国家地区。王旭东作为中国口腔医学界代表出席各类国际学术活动,并应邀担任 2025 年在上海举办的国际颅面外科年会大会共同主席,该大会引起了中外颅颌面领域同行越来越多的关注,提升学科的国际影响力。

井润田：在课堂内外建构管理教育的理论之美

【名师名片】

井润田，上海交通大学2024年"教书育人奖"二等奖获得者。上海交通大学安泰经济与管理学院特聘教授、21世纪跨国企业战略研究院执行院长。1997年在西安交通大学获管理工程博士学位。教育部长江学者奖励计划特聘教授，首届中国管理学青年奖获得者，兼任中国管理研究国际学会（IACMR）主席、教育部学位与研究生教育发展中心"中国企业案例研究基地建设"首席专家。长期从事组织变革、领导行为等方面的研究，曾获中国管理研究国际学会"管理的中国理论"最佳论文奖、教育部学位与研究生教育发展中心"优秀案例教师"、全国宝钢优秀教师奖等学术荣誉与称号。

【名师名言】

■ 学生从每一次课堂中能带走的，不是教师力图传递的知识，而是他们自己头脑中形成的理解。

■ 对学生进行思想和文化教育的关键在于，要让这些看似宏大的观念能让他们在日常行动中找到呼应和意义。

■ 判断我们研究或教学质量的重要标准，就是当学生毕业20年之后与他们交谈，如果他们依然在使用从我们课程中学到的知识，那这就是能给予我们的最好的赞扬。

　　井润田自己就是一个科班出身的管理专业学生,正是这样的经历使得他对管理教育的困难与挑战有更深的理解。他 1989 年本科就读于西安交通大学工业管理工程专业,1993 年推免进入系统工程硕士专业,1994 年通过硕博连读进入学校管理工程专业就读,并于 1997 年以优异成绩博士毕业。这样的学习经历使他认识到,本科生学习管理知识最大的困扰在于自身缺乏管理经验,而管理理论学习很大程度需要建立在经验理解的基础上。而缺乏这样的经验认识,是导致博士生甚至是大学教师的研究无法与实践对话的根本原因,这也是当前国内外管理教育和研究领域备受诟病之处。因此,他积极倡导并引入大卫·库伯等学者的体验式学习模型进行教学设计与创新,强调"基于理论指导的行动实践"和"基于行动反思的理论学习",使得学生在理论学习和经验反思的交互中体会到管理教育的理论之美。在长期的管理教育中他认识到,学生从每一次课堂能带走的,不是教师力图传递的知识,而是他们自己头脑中形成的理解。如何构建学生在每次课堂学习过程中的心流体验,就成为教师在教学组织中需要完成的首要任务。

勇担重任,加强课程团队建设

　　井润田 1997 年博士毕业后在电子科技大学工作了 16 年,在此期间,2007 年他带领课程组申报并获得"组织行为学"国家精品课程。2014 年他调入上海交通大学任职,给本科新生讲授专业基础课程"管理学原理",踏实开展课程资源开发和课程组建设工作。该课程在学院有很好的历史积淀,曾于 2005 年获得"上海市精品课程"称号,但之后发展较慢。2017 年井润田担任课程组组长并积极改革教学内容,综合理论教学与案例、模拟和实践等不同体验式教学方法,完成课内与课外、线上与线下的教学组织。这里,案例教学通常源于案例开发者根据企业实际问题撰写的文本性描述的管理场景,学生运用所学理论对其进行分析。不同于案例特定场景或特定理论视角的限制,模拟教学借助实物或计算机构建出更直观化的场景,学生通过扮演不同角色参与模拟并做出连续性的各类决策。案例与模拟教学的管理问题设定通常来自教师或案例开发者,实践教学更强调教育学家杜威所称的"教育即生活"理念,让学生深入企业实地发现问题和解决问题,做到从"管理者"而非"学生"角度学习管理理论。

在此基础上,课程组将国外教材更换为马工程教材,开发最新教学资源(如题库、案例、实验、阅读资料等)并在团队内完全共享。井润田主动承担留学生线上教学的挑战性任务,辅导海归青年教师石先蔚和李欣欣迅速适应国内大学教学要求并都在学院青年教师教学竞赛中获得优异成绩。辅导课程组王青老师开展教学研究并获得第四届全国高校经管类实验教学案例大赛特等奖,课程组教学质量和团队氛围有明显改善。课程组获得学院2019年度"最受本科生欢迎课程团队"称号,并入选学校2021年度首批"校级优秀基层教学组织"。该课程也于2020年获得教育部工商管理专业教学指导委员会评审立项的专业核心课程金课建设项目,2020年10月入选首批国家级一流本科(线下)课程,2022年11月,井润田获评全国"宝钢优秀教师奖"。同时,井润田担任学校学森挑战计划"经管视角看世界"课程组成员;2024年3月,该课程团队荣获学校"大中学衔接培养突出贡献奖"。这些课程建设成绩,也在学院的学科建设和评估中发挥了重要作用。

教研相长,做有理论根基的管理教学

作为研究型大学的一名老师,井润田努力做到教研相长,通过将研究成果引入课堂来增加教学内容的新颖性和理论剖析的深入性,提升学生的问题分析能力和对理论内涵的深刻理解。井润田目前担任中国管理研究国际学会(IACMR)主席,也积极参与国家自然科学基金委组织的各类研讨与规划活动。例如:参加基金委管理科学部"十四五"发展战略研讨活动,作为主要执笔人之一参与撰写《中国特色的企业管理理论及其关键科学问题》《中国企业与全球化新常态》等领域研究报告,参与筹划并成功立项国家自然科学基金重大项目"数智时代的组织变革与理论创新"。他积极将上述研究中关于组织设计、组织变革、领导力开发等方面的最新成果应用在"管理学原理""组织行为学"相关课程讲授中。课程的大多数案例都来自实地调研过程形成的自编案例,对这些案例分析的理论框架也来自相应的案例研究成果。MBA/EMBA 课程评教成绩稳定在 96 分以上,获评"2022 年度最受 EMBA 欢迎教师奖"。所撰写的 2 篇案例入选第 5 届和第 10 届"全国百篇优秀管理案例",1 篇入选中国工商管理国际案例库、9 篇案例入选中国专业学位案例中心案例库。2021 年 11 月,井润田被教育部学位与研究生教育发展中心评定为"全国优秀案例教师",2023 年 7 月被评定为"中国企业案例研究基地建设项目"首席专家。

作为课题负责人,他承担教育部新文科研究与改革实践项目、教育部工商管理教学指导委员会委托的教学研究项目等,担任国家教材委高校哲学社会科学(马工程)专家委员会经管学科专家,深入开展教学理论研究和改革实践。针对本科生缺乏管理经验带来的理论学习困难等问题,他构建多维体验式教学体系进而将企业经验搬进课堂,撰写的教学研究论文发表在《新文科教育研究》《中国大学生就业》等期刊上。以上教学经验推广在院内和国内兄弟院校的管理教育领域并取得良好的社会反响。受教育部学位与研究生教育发展中心委托,井润田负责起草中国专业学位案例中心"教学案例开发质量评价标准"的研究报告,以及"研究型案例的评价标准和体系";结合学校建设经验,制订工商管理类专业建设中案例开发与实践教学的相关规格要求与质量标准,获得教育部工商管理教学指导委员会颁发的"优秀成果一等奖"。2020 年 6 月,井润田作为第一完成人获得上海交通大学教学成果特等奖,2022 年 9 月作为第二完成人获得上海市教学成果一等奖(本科组)。

扎根实践,在意义构建中引导学生成长

理论与实践的脱节是国内外管理教育领域面临的普遍问题,而在此体系下培养的学生容易遇到"短期功利导向""内驱力不足"等问题。如何深入企业管理实践,通过研究成果自身的意义来引导和培养学生成长成为井润田关心的重要问题。

例如,2016 年伊始,国内企业界对于平台化组织充满一种近乎盲目的追从。为了深入反思企业平台化转型的实质问题并进行理论指导,井润田带领博士生

赵宇楠等对海尔集团平台化转型进行实地调研和案例研究。研究成果引起企业的高度关注，集团首席执行官张瑞敏评价："这篇论文对海尔案例的分析是目前见到的最系统和最深入的。由此，需加快我们的探索，即创建领先的社群经济模式。否则目前已有的小微会成为浮萍……"这建立起研究团队与海尔集团的长期合作关系，研究历程对参与学生赵宇楠也有深刻影响，他作为学生代表在学院毕业典礼上讲到"对复杂管理问题的认知能力提升是研究生学习阶段最大的收获"。该生也获评 2020 年度"上海市优秀毕业生"，在校期间多次获得国家奖学金，"荣昶领导能力"奖学金，"优秀学生党员""优秀学生干部"等奖励与荣誉。

为了更好地帮助学生理解组织设计和成长中的复杂性问题，井润田决定指导硕士生梅思琪开发一个基于企业实地情景的实验教学平台。这无论在理论构建上还是开发实践上都极富挑战性，对此学生刚开始难免担心能力不足。于是，井润田指导学生首先构建出模拟企业内部决策与行业竞争的系统动力模型，并就系统的原型结构、关键决策变量与参数等设计与企业管理者反复研讨并完善。之后，他选择与一家软件公司合作将其开发为计算机模拟实验平台，并在教学过程中不断调试和改进。2022 年，该系统经过专家评审获得高等学校国家级实验教学示范中心颁发的实验教学大赛特等奖，并成功应用在 600 多名高中生、本科生、EMBA/MBA 等不同项目的教学课堂上。每当梅思琪看到学生们在实验课堂上开心学习和比赛的时候，她理解了自己的研究工作本身的价值和意义，对自身能力的自信也油然而生。

蓝雪丹是上海交大 IMBA 项目的一位毕业生，在重庆潼南区职教中心担任教师。2020 年疫情期间，她与丈夫、妹妹等迅速组成志愿队并不断发展志愿者人数到 120 多人，先后为湖北捐赠 270 多吨生活物资，让武汉、黄冈、孝感三地超过 25 000 名困难同胞得到实质性帮助。听闻此消息，井润田在疫情期间带领罗媛等学生深入实地调研，开发出社会志愿者无私奉献的视频和文字案例。正是通过这样的耳濡目染，"我（罗媛）慢慢领悟到经世济民与管国理财从来都不只是一句口号，我们读万卷书的目的是经世致用"。以上案例于 2020 年 8 月入选中国专业学位案例中心立项的"新冠肺炎疫情防控"主题案例库，罗媛于 2022 年获评"上海市优秀毕业生"，2023 年她也以"聚公益微光，成果果暖阳"的感人行动获评上海交通大学"学生年度人物"称号。

在过去五年间,井润田带领学生实地访谈和调研 30 多家本土企业或各类社会组织,在此基础上每位学生至少撰写一篇高质量的教学案例或案例研究论文。

正是通过以上的教育历程,井润田认识到对学生进行思想和文化教育的关键在于:要让那些看似宏大的观念能在他们的日常行动中找到呼应和意义,而这正是"教书育人"的本质。

侯利阳：寓研于教，教研相长

【名师名片】

侯利阳，上海交通大学 2024 年"教书育人奖"二等奖获得者。上海交通大学凯原法学院长聘教授、博士生导师、凯原法学院经济法学教研部主任，兼任上海市经济法学研究会副会长、市场监管总局反垄断专家库专家、SSCI 期刊 *Computer Law & Security Review* 编委等。先后在《法学研究》、《中国法学》、*Common Market Law Review*、*Computer Law & Security Review* 等权威期刊发表论文八十余篇，出版论著 *Competition Law and Regulation in the EU Electronic Communications Sector*、《我国电信行业的竞争与规制》、《市场地位的反垄断剖析》等。主持国家社科重点项目、欧盟委员会重大招标项目等二十余项。入选国家重大人才工程青年学者、上海市曙光学者，获上海交通大学青年教师教学竞赛一等奖、上海交通大学烛光奖一等奖，主持上海市教委全英文示范课程 Chinese Competition Law。

【名师名言】

- 教书育人，师者本分。
- 教学无他，唯心至耳。
- 你可能会忘记我教授的知识，但我希望你能记住我传授的方法。

在学生们的眼中,他平易近人、谈吐幽默,不仅是知识的传递者,更是心灵的导师。面对学生的困惑,他在课堂上悉心指点、循循善诱;在课堂外亦师亦友、春风化雨,始终践行着"师者父母心"的理念,像对待自己的孩子一样对待每一个学生,以满腔热情给予学生最细致的关怀。

在老师们的眼中,他以办公室为家,对教学和科研工作勤勉尽责、兢兢业业。他以热忱和执着不断追求学术的深度和广度,以敬业精神和专业能力赢得尊敬和赞誉。日常相处中,他有求必应、无微不至,以乐观、积极的生活态度感染着他人。

他就是凯原法学院本科生2301班班主任,我国知名经济法、竞争法青年学者侯利阳教授。

潜心教学工作,取得突出成绩

侯利阳长期坚持在教学第一线,主讲的课程既有本科生专业课程"经济法",也有研究生专业课程"竞争法";既有通识核心课程"欧盟法律文化导论",也有留学生全英文课程"中国竞争法"。他来校工作13年,每年承担的教学任务均超过120学时,其中一半为本科生课程,教学效果达到优良。

除担任百余名硕士生、博士生的指导教师外,他积极参与对本科生的指导工作。其指导的本科生丁心怡,凭借结构完整、论证充分的毕业论文荣获2020年度"上海交通大学优异学士学位论文"(TOP 1%);2024年,他率领的学生团队在国际足联举办的首届体育仲裁模拟法庭比赛中,取得了预选赛全球排名第一的优异成绩。他指导的学生荣获多项荣誉,包括国家奖学金、国家留基委奖学金、上海市优秀毕业生和上海交通大学优秀毕业生等。这些学生毕业后在多个领域取得了显著成就,就职于中央部委、各地委办局、高校、律所、跨国公司等。

他重视课程建设,主讲的留学生全英文课程"中国竞争法"于2017年获得"上海市教委全英文示范性课程"(排名第一),被纽约大学指定为交换生必修课程。参讲的"经济法"于2013年获得"上海市教委重点课程",于2014年获得"上海市精品课程",并于2017年获批教育部首批"国家精品在线开放课程"(排名第三）；参讲的"竞争法"获 2016 年"上海市精品课程"（排名第三）。2023 年，他主持开设博士生课程"经济法前沿理论研讨"。

他积极参与教改工作，先后主持上海交通大学 2019 年通识教育核心课程建设项目、2019 年双一流研究生优质课程建设项目、2020 在线课程建设项目、2021 年来华留学生跨文化教育示范项目、2023 年本科课程思政示范课程培育项目等。他获得上海交通大学 2019 年度烛光奖一等奖、2019 年度青年教师教学竞赛一等奖（人文社科组第一名）、2019 年度上海交通大学教学能手奖；其所在教学团队获上海交通大学 2016 年度教学成果奖一等奖（排名第三）。

革新教学方法，理论联系实践

法学有着专业化的术语体系和逻辑体系，但法律又是对于现实生活的回应，而非各种专业词汇和理论的简单累加。为便于学生理解，侯利阳在教学中非常重视理论与实践的紧密结合。他在课堂上从不照本宣科，而是着重于向学生介绍各种理论的发展脉络、分析各种术语背后的现实映像，以引导学生理解记忆为目标，以指导学生认知实践为目的。学生对于他的讲学方式反响热烈，主观评价包括"知识储备很丰富，讲课娓娓道来""善于用真实的案例解释理论内容，深入浅出""上课很有趣"等。

他在教学中重视案例的运用。除了课堂上的案例教学之外，他还在课下开展各种形式的案例学习活动。他从 2012 年开始带领学生阅读经典竞争法案例，每两周一次，至今已经坚持了 12 年。在案例研讨中，他不仅为学生总结这些案例的要点，还和学生探讨法院为何选择这种方式而不是其他方式判案，通过案内、案外两重视角让学生充分理解法律的现实角色和意义。为推动案例教学，他与威科出版社联合发布"中国反垄断案例全英文数据库"，除了丰富了教学材料之外，也成为国际社会了解中国反垄断执法的重要窗口之一。

他开设"反垄断模拟法庭"，引入"沉浸式"教学方法，让学生"亲身"参与诉讼的全流程，锻炼学生主动发现问题和解决问题的能力。他选取实践中的真实案件设计案例，让学生按照不同的诉讼主体进行分组准备。为了保证材料准备的质量,每组学生配备一名指导老师,指导老师从学者、法官和律师中选取。课程学习严格按照诉讼程序进行,包括提交书状、交换证据等。课程考核采取法院庭审的形式,由指导老师组成合议庭进行审议。"沉浸式"教学方法极大地提高了学生的实践能力和法律素养,全程投入参与使他们对法律条文和诉讼程序有更深刻的理解,分组准备和模拟庭审则锻炼了学生的团队协作能力和临场应变能力。这种教学模式为学生们将来的法律职业生涯打下了坚实的基础。

投身思政建设,塑造自信青年

自党的十八大以来,党中央始终坚持把思政课建设放在教育工作的重要位置。习近平总书记强调,要始终坚持马克思主义指导地位,以中国特色社会主义取得的举世瞩目成就为内容支撑,以中华优秀传统文化、革命文化和社会主义先进文化为力量根基,把道理讲深讲透讲活,守正创新推动思政课建设内涵式发展,不断提高思政课的针对性和吸引力。侯利阳积极响应党中央的号召,潜心思考如何更好地在通识核心课程体系内引入思政建设。

"欧盟法律文化导论"是侯利阳在研究生层面开设的"欧盟法"课程的升级版。经过两轮次的建设之后,他意识到从法律技术层面学习欧盟法对中国学生的意义并不特别显著,因此决定按照通识核心课程的形式重新构建课程内容。升级后的新课,从文化的视角让本科生能更通俗地了解欧盟法,从中国法律比较的视角让学生全面加深对社会主义法律体系的认知。

"欧盟法律文化导论"自 2019 年开设以来,就非常重视在课堂教学中融入思政元素。欧盟在历史、政治等方面与我国有诸多相似之处,两者具有极强的可比较性,中美贸易冲突加剧后如何促进中欧关系也是中国未来面临的重大课题。侯利阳设计课程时,从历史、立法、司法、行政、经济、外交等多个模块来解读欧盟,同时将中国特色社会主义法律制度有机地融入欧盟法每个模块的教学之中,将欧盟的相关法律制度与我国的法律制度进行对比,"润物细无声"地展示我国法律体系的特色与优势。该课程于 2023 年获批上海交通大学本科课程思政示范课程培育项目。

引领国际培养，锻造涉外人才

　　侯利阳不仅在中文教学方面独具特色，其英文教学工作也极富成效。自2013年起，他每年开设针对留学生的全英文专业课程"中国竞争法"，至今已有十二轮次。面对来自世界各地、覆盖全球六大洲三十多个国家或地区的选课学生，他将中文教学的各种元素充分融入英文教学之中，课程内容既有中国特色，又有国际视野，使国际学生充分感受到中国法学教育的魅力。经过多年深耕，"中国竞争法"课程于2017年入选"上海市教委全英文示范性课程"，被纽约大学指定为交换生必选课程，课件被国际同行借鉴使用。他的竞争法教学颇具国际声誉，曾受美国国务院、日本公平贸易委员会等机构以及芝加哥大学、新南威尔士大学、东京大学、鲁汶大学、伦敦大学学院等世界知名高校邀请前去授课，在全球范围内宣传我国的法治建设，为提升中国法学教育的国际影响力做出了重要贡献。

　　侯利阳负责凯原法学院的对外交流工作多年，积极探索涉外法治人才的教育改革。他组织凯原法学院教师开设全英文法律课程，在课堂教学之余开设全英文"中国法讲座"项目，组织"留学生沙龙"活动，邀请著名学者、企业高管、律师等与留学生交流，使留学生不但能够了解我国的法律制度，而且也能理解我国的社会文化。他为留学生定期举办主题班会活动，让留学生分享在中国学习生活的心得体会。他在班会上领读党的重要文件，在留学生教育中"潜移默化"地融入思政教育，培养知华、爱华、友华的国际留学生群体。

　　为了培养"能够讲好中国法治故事"的本国高端涉外法律人才，他在传统的访学游学等活动外，组织中国学生赴美国、日本、澳大利亚、比利时等国交流进行长期或短期的交流、实习。此外，他还与新南威尔士大学、墨尔本大学等知名高校合作，促成短期培训与国际实习相结合的国际项目，极大地拓展了学生的国际视野。侯利阳的这些努力，协助凯原法学院培养了一批杰出的，包括荣获"罗德学者"荣誉的优异中国法本科生，同时也成功培育了一批在中外法律交流中扮演重要角色的外国本科留学生。

教学科研并进,科研成果突出

侯利阳坚信"以研促教、以教立研、教研相长"的教育理念。科研与教学并非两张皮,而是存在深层次的相互印证、相互促进的辩证关系。在教学方面的投入不仅没有降低他的科研产出,反而助益了他的科研成果。从2011年进入凯原法学院工作至今,他共发表学术论文六十余篇,出版论著四部;获中国法学会董必武青年法学成果奖三等奖、中国经济法学研究会经济法总论优秀论文一等奖;主持国家社科基金重点项目、欧盟委员会重大招标项目等国内国际课题二十多项。

中英文教学的齐头并进使得他成为本土化研究与国际化研究发展相对均衡的青年学者。"欧盟法律文化导论"课程的建设工作强化了他在欧盟法方面的研究,也助力他成为首位在欧盟法权威期刊 *Common Market Law Review* 发表论文的亚洲学者。"经济法"和"竞争法"的建设工作让他在我国法学权威期刊《法学研究》和《中国法学》上成功发文。他的学术成果同时获得中欧两大法域权威期刊的认可,这无论在国内还是在国际均属罕见。他的学术研究具有国际引领性。侯利阳在国际学术网站 SSRN 的作者排名长期处于前1%;2017年起在 SSCI 法学一区期刊 *Computer Law and Security Review* 担任编委,使之成为我国学者在互联网法领域的主要国际发声平台。

侯利阳也非常注重博士生的日常学术训练。他和博士后、博士生每两周组织一次学术沙龙活动,进行经典文献阅读或者最新观点的研讨。这些研讨活动的成效明显,极大地促进了青年学人的科研工作。博士后李兆轩,博士生王继荣、孙伯龙、陈可、贺斯迈、Tamar Menteshashvili、Mohammad Firoz Ehsan 等先后在 SSCI、CSSCI 期刊发表高水平学术论文,逐步受到学界的关注。

金文峰：潜心躬耕三尺讲台，志做教书育人大先生

【名师名片】

金文峰，上海交通大学 2024 年度"教书育人奖"二等奖获得者。外国语学院副教授、文学博士。主持的"日语精读"课程获上海市教委本科重点课程，主持的"日语精读 1—2"课程获上海高校市级重点课程，2023 年被认定为第二批国家级一流本科课程。出版专著《徒然草受中日古典文学的影响》、教材《日本国情与文化概况》。曾获首届"教书育人奖"二等奖、"上海交通大学优秀教师奖"、"上海交通大学最受学生欢迎的教师奖"提名奖等奖项。

【名师名言】

■ 每个学生都具有其独特性，正如世上没有完全相同的两片叶子；教师的职责在于发掘他们的个性亮点，并协助他们展现自我。

■ 教育是一次心灵的旅行，能够陪伴学生成长，见证他们的进步，是我最大的幸福。

■ 在全球化时代，"学日语"已转变为"用日语学"。教师的角色是引导学生通过这门语言提升跨文化沟通技巧和获取专业知识，以便在国际竞争中脱颖而出。

　　擦亮育人底色,涵养时代新人。金文峰致力于培养拔尖创新的高水平外语人才,她主持的课程被认定为国家级一流本科课程,她带领团队荣获教学成果奖,连续三年被评"上海交通大学优秀班主任"。金文峰坚守教坛至今已二十余载,始终保持着对教育事业的热爱与执着,全身心投入到教书育人之神圣事业中。她深知教育工作的责任和使命,不断探索与时俱进的教学方法,尝试新的教学模式和手段。自2020年起,她肩负起班主任的重任,倾尽心力,悉心指导。她是"引路人",教育学生扣好人生第一粒"扣子";她是"点灯人",陪伴学生逐梦追光,引导他们成为有责任有担当的新时代青年。

深耕教学改革,引领课程创新

　　在当前全球化的社会背景下,语言学习的目标已从单纯地掌握一门语言工具转向了通过该语言获取跨文化视角、专业知识和国际交流能力。"用日语学"这一概念正是顺应了这种转变趋势,它强调的是一种更加深入的语言应用方式,即利用目标语言作为媒介来进行其他领域的学习,从而实现多维度的成长与发展。

　　那么,作为教育第一线的教师,应该如何引导学生,让他们能够熟练地运用目标语言,去挖掘其他学科的宝藏呢? 毫无疑问,扎实的基础知识是这一切的前提。但是,怎样能让学生在有限的时间内快速掌握一门语言? 这成为当下外语教师肩上的重任。

　　为了突破这个难题,金文峰恪守"启迪思维,传递知识"的教育理念,巧妙地运用现代科技,将多媒体转化为激发学生创造力和深入理解的工具。她的课堂总是充满活力和激情,她总能以独特的视角和深入浅出的方式,将复杂的知识转化为学生能够理解和掌握的要点。她的教学仿佛是细雨滋润,潜移默化地滋养着学生的心田,深受学生的喜爱和尊敬。

　　近三年,她共完成了14门课程960学时的教学任务,教学效果显著,评教成绩优异。高达71.4%的课程获得A等级评价,其中A0等级比例高达43%,多次位列学院评教榜首,这充分体现了学生对她教学质量的高度认可。

金文峰秉承我校人才培养"四大计划"理念,在"日语精读1—2"课程中打造独具特色的课程与人才培养模式。在课堂实践中,她推行分层教学法,生动诠释了我校倡导的"抓课程、提志趣、开小灶、双帮扶"理念。

她展现出前瞻性和探索精神。在面对学校招生政策变化和生源结构显著变化的情况下,她迅速调整教学策略,确保教学内容和方法与新的招生需求紧密契合。特别是针对"外语类保送生"及"思源计划生"招生数量的增加,她深入分析了不同类型学生的特点和需求,为教学改革提供了有力的依据。以2020级为例,全班23名学生中,外语类保送生有12名,思源计划生有4名。并且有6名日语保送生在高中阶段均已通过日语能力测试N1(最高级别),而思源计划生、转学院生等普遍存在学习能力较差的问题。这种基础两极分化的情况对教学提出了更高的要求。

为了解决这一问题,她带领课程团队积极投入到教学改革中,从2020年开始采用"分层教学模式"。在实施分层教学的过程中,她精心设计了教学策略,将班级学生分为三个不同的层次,针对性地设计教学方案,旨在满足不同学生的学习需求和能力水平。无论是高起点生还是需要额外帮助的学生,在金老师的引领下,都学会了如何学习、如何思考、如何创新、如何面对挑战,都能在教学过程中获得最大程度的提升。

经团队的不懈努力,金文峰主持的"日语精读1—2"课程,在2021年成功获批上海高校市级重点课程立项(2021—2023),并在2023年被认定为国家级一流本科课程,同年荣获学校教学成果奖。

潜心搭建线上课程,积极创新教育模式

除了教学改革,金文峰还深切关注零起点学生在高考后至大学入学期间的时间利用问题。这段时间往往被学生忽视,缺乏有效的学习规划和指导。为改变这一现状,她于2022年成功申请学校的在线课程项目,致力于高中大学衔接课程的在线课程拍摄工作。她希望通过这一创新举措,提前介入学生的学习过程,为那些基础薄弱的学生提供有针对性的帮助,从而缓解学生基础两极分化的

问题。在策划与组织在线课程的拍摄过程中,她特别注重融入交大元素,以真人校园情景剧的形式展现我校的独特魅力。这些情景剧不仅为在线课程增添了生动性和趣味性,也成为宣传我校文化的有效途径。学生们在观看这些情景剧的同时,能够更加深入地了解和感受到交大的校园文化和学术氛围,从而激发学习热情和对学校的归属感。

目前不仅本校,全国很多高校都存在高起点和零起点的外语基础两极分化的问题。因此,金文峰希望将在线课程推广到全国,让更多的学生受益。她积极与其他高校联系,分享自己的经验和成果,推动在线课程的普及和应用。

矢志不渝守初心,育人成才铸师魂

金文峰从2020年开始肩负起班主任的重任。在班级管理上,她凭借出色的能力,赢得了学生们的深厚情谊与信赖,成为他们眼中的良师益友。连续三年获评"上海交通大学优秀班主任"的殊荣,不仅是对她工作的肯定,更是对她辛勤付出的褒奖。

她所带班级,大学四年成绩斐然,高达30%的学生成功考入清华大学、北京大学、东京大学等世界顶尖学府,这一骄人的成绩离不开她的精心指导与培育。她深知,每个学生都有自己的特点与优势,因此,她始终注重因材施教,关注每个学生的成长与进步。

金文峰致力于学生个性化发展的培养。在指导学生参加竞赛时,她总能准确把握每个学生的特长与兴趣,提供针对性的指导和建议。在她的引领下,学生们在竞赛中屡获佳绩,不仅赢得了荣誉,更锻炼了能力、增强了自信。

其中,一位深受金文峰影响的学生,自大一起便立志从事中日古典文学的比较研究。在金老师的悉心指导下,该同学经过三年不懈努力,于2022年在"笹川杯日本研究论文大赛"中荣获文学组特等奖。同时,他还将那些受老师指导的点点滴滴,回顾那条启蒙之路上的成长故事写成作文,在"全中国日语作文大赛"中荣获三等奖。如今,这位同学已成功被北京大学录取,攻读日语语言文学硕士学位。

　　这一切的成就,都离不开金文峰的精心培养和辛勤付出。她用自己的学术态度和人格魅力,影响和激励着学生不断前行、追求更高的学术成就和人生目标。也正是这份对教育事业无尽的热情与执着,使得金文峰不仅是一位传授知识的导师,更是塑造灵魂的工程师。她的故事,如同一盏明灯,照亮无数学子前行的道路,激发一代代青年追求梦想、勇于担当。在未来的岁月里,金文峰将继续以她那颗赤诚的心,深耕三尺讲台,播撒智慧的种子,收获满园桃李芬芳,书写属于教育者的不朽篇章。

魏英杰：教育路上的坚守者与创新者

【名师名片】

魏英杰，上海交通大学2024年"教书育人奖"二等奖获得者。国际与公共事务学院副院长、副教授。先后求学于兰州大学、南京大学、香港中文大学。曾获得上海市教学成果二等奖、校教学成果一等奖、上海市重点课程、校通识核心优质课程负责人等荣誉。

【名师名言】

■ 一流大学需要培养"心怀天下"的智者，学生不仅关心身边事，也要探索看似与自身并无直接关联的人和事。

■ 如何才能做好的学问？我想就是要对周遭的世界充满好奇心，同时也要有一颗悲天悯人的心。

■ 老师要与学生交朋友，关心他们、爱护他们，成为他们成长路上的守护者。

三尺讲坛守初心，深耕细作润桃李

魏英杰的专业领域是比较政治学。作为一门与人类历史几乎同样悠久的学科，比较政治既涉及对国家发展、全球治理等宏大议题的探究，也是培育现代公民素养和公共精神的重要载体。基于这样的学科特点，魏英杰自从教伊始，就坚持打造差异化的课程设计，满足不同背景选课学生的多元需求。

一方面，在面向社会科学大类学生开设的专业课程"现代政府原理"中，魏英杰侧重课程体系的逻辑性和研究性，强调以因果机制为抓手探究世界政治经济发展的一般规律，并引导学生根据自身兴趣循序渐进地开展科研探索。另一方面，魏英杰也尤其重视学生公共精神的培养，坚持为非社会科学学生开设"政治的边界与逻辑"通识课程。与专业课不同，在"政治的边界与逻辑"中魏英杰更加注重理论与实践案例的融合，通过索马里海盗治理、西方福利国家、全面脱贫攻坚等跨越时空的鲜活案例，激发学生对公共事务的热情与兴趣，加深学生对现实世界运行规律的理解。

国务学院同学张静仪回忆，初见魏老师，是在魏老师讲授的专业基础课"现代政府原理"课上，也是这门课使张静仪喜欢上了政治学这门学科。在"现代政府原理"第一堂课的开始，魏老师就向大家抛出了三个问题：我们的世界在政治层面是如何运转的？国家的发展为什么会有巨大的不同？制度如何发生演变以及如何影响我们每一个具体的人？魏老师说，要回答好这些问题并不容易，这需要学者拥有变量思维、需要不断降低分析层次、需要对话理论，有时候，还需要一些"激情"和"忍不住的关怀"……种种之下，才有可能获得有意义的回答。在魏老师的熏陶下，学习政治学给了张静仪一个认识问题、分析问题的全新视角，让她变得更聪明，思考问题更加"通透"，这无论是在学术上，还是在工作上，都让张静仪十分受益。

经过多年的努力，"双轮驱动"的比较政治学课程体系产出了丰硕的成果。仅近三年来，两门课程就吸引了来自电院、机动、安泰等多个学院的 500 余名同学选修，并先后获评上海市重点课程、校一流课程、通识核心优质课程等多项重要荣誉。有同学更是在选课社区强力推荐，"在魏老师身上看到了久违的敬业、乐业精神和为人师表的热情"。

立足岗位担使命，聚力育人谱新篇

完成本职教学任务之余，魏英杰也承担了大量的教学管理和人才培养工作。面对社会数字化转型的浪潮，新文科人才培养体系变革已经成为传统社会科学学科的必然选择。为进一步推动学院人才培养体系的优化，魏英杰在担任教学副院长以来，先后与30余位师生面对面交流，并以调研结果为基础，组织对方法课程体系进行系统重塑，构建了包含7门课程、难度梯次递进的方法课程组，为学生提供前沿的方法与技术能力训练，适应学生多元的职业发展需求。同时，魏英杰也为相关课程老师搭建了新的沟通交流平台，并统筹设立全院范围内新的助教系统，为研究方法课程的"干中学"提供了坚实保障。在全体老师和助教的不懈努力下，在近期的教学评估中7门方法课程有5门获得A档评价。

魏英杰也高度重视学生工作与本科生人才培养的紧密融合。通过与学院学生工作团队的紧密配合，魏英杰致力于进一步打通专业育人和思政育人的壁垒。通过邀请专业教师、思政教师、优秀朋辈加入团队，魏英杰带领团队打造了具有国务学院特色的"大思政课"本科生实践项目。项目实践过程中，专业教师依托学科背景在人民英雄纪念碑、国家博物馆、北京大学等多处具有标志性意义的历史古迹开展现场教学，讲授五四运动、新中国成立与改革开放等一系列重大事件的历史意义，在沉浸式思政教育与专业认知实践中实现多方育人力量的有机融合，也支撑国务学院于2023年获"上海交大课程思政示范学院"立项。

陪伴西部学子成长，助力共同体意识生根

魏英杰成长和求学于西部民族地区，多年来又坚持以民族地区为场域。持续开展边疆政治的研究工作使得他与这片广袤的土地产生了更多的情感羁绊，始终将培养西部民族地区学子和助力中华民族共同体意识生根作为贯穿自己学

术研究、教学科研和管理服务工作的一条重要主线。

作为典型的西部欠发达地区，甘肃省有 58 个国家级贫困县。通过高考改变命运是众多甘肃学子的期盼。在多年负责甘肃招生工作的过程中，魏英杰以满腔热情投身于选拔和培养具备潜力和才华的学子。他带领招生组成员充分利用每次宣讲和招生解答的机会，积极宣传交大的品牌形象，回应考生们的热切期盼，并每年多次奔赴经济、教育和信息相对薄弱的地方和学校，为广大学子搭建中学到大学的桥梁。在魏英杰的带领下，甘肃招生组老师们齐心协力，交大在当地的声誉不断攀升，招生工作连续六年取得显著成果，国务学院也多次获评"上海交通大学本科招生先进单位"。

魏英杰也持续指导了多位来自边疆地区的少数民族学生，他们共同研究边疆治理问题，探索适应新时代要求的治理策略和路径。魏英杰曾带领学生深入新疆维吾尔自治区的南疆四地州调研，经历了轮胎被扎、风沙掩路等困难挑战，在一线的调研中体会国家"访惠聚"驻村工作面对的多样性和挑战性，与基层干部共同考察如何兼顾生产的发展、人民生活的改善、教育的提升、民族团结和环境的保护。

少数民族同学在求学过程中，对大学的一切充满好奇，但在学习生活中也难免存在更多的不适应，对未来也有许多迷惘。面对这种情况，魏老师常对同学嘘寒问暖，为他们指点迷津，让他们安心学业，并对未来增添信心。魏老师用自己的方式，让每一位学生都感受到被关爱和被尊重。在国务学院度过本科和硕士阶段的新疆同学波拉提记得很清楚，有一年寒假，他因为家乡路途遥远而选择了留校。魏老师知道这一消息后，特意在除夕的晚上邀请波拉提到自己家中，一起度过除夕夜，感受欢聚的温暖。魏老师说，每逢佳节，邀请学生到自己家中已经成为一种习惯。他常对学生说："以后等你们有了自己的学生，记得也要对他们好，把我们的师生情谊传承下去。"

魏英杰老师既是引领学生步入政治学殿堂的"良师"，也是学生们成长路上的"益友"，他被学生们亲切称为"魏爸爸"。他始终秉持踏实做学问的态度，以身作则，鼓励和指导学生成长为有温度、有关怀的社科人，以实际行动诠释了在教育路上作为坚守者和创新者的责任与担当。

李晓静：建一流课程，做一流科研，育一流人才

【名师名片】

李晓静，上海交通大学 2024 年"教书育人奖"二等奖获得者。上海交通大学媒体与传播学院教授、博导，教育部青年长江学者，国家社科基金重大项目首席专家，上海市首批晨光学者，上海市东方英才青年学者。长期从事新闻传播学及新媒体领域的教学科研及育人工作，获国家级一流本科课程、上海市重点课程、上海市教学成果奖等教学荣誉，及教育部高校科学研究优秀成果二等奖、全国新闻学青年学者优秀成果奖等科研荣誉。指导学生获中国大学生十大影响人物、"互联网+"大学生创新创业大赛全国银奖、全国大学生社会实践团队 TOP100、"挑战杯"上海市一等奖等。

【名师名言】

■ 要相信：你的今日所学，能够改变世界。

■ 创新与贡献，是衡量一流科研成果的金标准。

■ 育人的目标，是要培养学生的各素质全面发展，而不是让学生变成造论文机器或其他工具。

　　放眼国际学界前沿,立足国家战略需求,建一流课程、做一流研究、育一流人才,是李晓静在交大工作多年来的志趣和追求。作为一名有着24年党龄和21年高教工作经历的教师和学者,李晓静综合素质过硬,业绩突出。二十年来,她一直秉持热爱教学、热爱科研、热爱学生、热爱学习的"四爱理念"和教学相长、师生互长的"两长追求",赢得了校内外师生、同行及社会各界的广泛赞誉和由衷感激,并在教学实践、学术科研、人才培养中取得了良好成效。

课程教学: 价值引领、传承创新

　　二十年来的教学工作中,李晓静一直坚守社会主义核心价值观与马克思主义新闻观,落实"四位一体"育人方针,并在教学传承中寻求创新发展路径。她先后主讲过"传播学概论""新闻学概论""新媒体与社会""市场调研:方法与实践""社会调查方法""新媒体理论前沿研究专题""智能媒体、脑与学习""新闻传播学研究方法"等多门课程,成果获教育部、网信办等部门表彰,获评国家级一流课程、上海市教学成果奖、课程思政示范课等。

　　李晓静深知,要上好一门课,需要几代人坚持不懈的努力,要做好传承和发展。2006年起,她开始担任"传播学概论"的主讲老师,刚上讲台时,李晓静对教学感到忐忑,生怕讲不好课、对不起学生,便主动向陈先元、谢金文、张国良、李本乾、姚君喜等学院前辈求教,蹭老教授的课,用心揣摩老师们把握授课节奏的教学技巧,学习他们的授课方法。经过多年的教学传承,这门课在张国良、李本乾等老院长的带领下,建成了"上海市精品课程"。在导师张国良的主持和牵头下,李晓静努力配合,将《传播学原理》建设为"首批上海高等教育精品教材",为传播学在中国的传承发展贡献力量。

　　自2009年起,李晓静开始担任"新媒体与社会"专业必修课的教学工作,她在课堂教学中积极引入基础理论和国际前沿内容,同时又充分发挥新闻传媒专业的数字化教学优势,努力探寻教学改革和创新的可能。她尝试开创线上线下混合式教学模式,并针对学生在当下的新媒体使用习惯,在Bilibili、微博、微信、喜马拉雅等多平台拓展线上教学渠道、建设融媒体教学资源,融入多学科视野和价值引领的目标,产出了优质教学成果。该课已获第二批国家级一流本科课程、交大课程思政示范课程、教育部高校网络教育优秀工作案例一等奖等多项荣誉,被中央网信办表彰,得到人民日报、新华社等多家主流媒体报道。

她执教的"市场调研:方法与实践"优质通识核心课,从 2006 年在全校开设公选课,到建设通识核心课,耗时十余年,完成了从线下教学到社会实践为主的转型,带领学生开展各项社会实践,获评上海市重点课程、高等教育学会素质教育分会大学素质教育通识课程、交大通识教育核心优质课程、教务处公众号推荐通识课程等。

李晓静还曾担任近两年的新闻传播系教学主任。其间,她不断思考本系人才培养和课程教学的定位发展,以及各规章制度的梳理,付诸各项实践,收获了出色业绩。包括"面向国家融媒体战略的卓越新闻传播人才 STEAM－T 型培养模式及实践""马新观主导、新媒体定位、学研创并举的新闻传播创新实践育人模式"等在内的项目获上海市教学成果一等奖和二等奖,进一步明确了本专业"新媒体定位"的学科特色,促进了课程建设和学科发展。

学术研究:报效祖国、贡献社会

李晓静热爱科研工作,在人文社科领域有 20 多年的学术积累,业绩突出。她的主要研究方向为新媒体传播、媒介公信力等,是新闻传播学科中青年学者群体中的佼佼者。目前已主持包括国家社科基金重大、重点项目在内的多项课题,在同行中具有较高的学术影响力。

李晓静努力将学术研究、人才培养与贡献祖国紧密融合,密切关注新媒体前沿与中国社会发展,引导学生从新闻传播学专业视角思考中国问题,激发学生的家国情怀和使命感,练就科研创新、专业报国的真本领。

作为导师,她带领硕士生胡柔嘉,突破西方国家的数字技能理论框架,从中国的现实媒介情境出发,在大规模全国调研基础上,原创性地为发展中国家的儿童构建了数字技能量表,致力于缩小数字鸿沟。成果最终发表于传播学及社会学领域均位于 Q1 分区的 SSCI 期刊 *Information*, *Communication & Society*,并得到期刊主编和国际同行的高度认可,也很快收到了包括土耳其、印度等国学者的关注和转用,不仅被多家媒体报道,也得到了中央网信办、中国科普所等领导的高度认可。

她带领博士生刘祎宁、谭香苹、韩羽昕等,从数字鸿沟视角开展数字中国和数字素养的系列研究,研究成果被吸纳入中央网信办《提升全民数字素养与技能行动纲要》;也积极服务于上海市委网信办等政府部门的政策拟定和数字素养月活动,以及云南、贵州、浙江、上海浦东等多地数字乡村的建设和数字素养提升工作。

她带领博士生刘芹良等,从 2020 年新冠疫情之初便开展社交媒体与疫情防控的实证研究。系列成果揭示了中国媒体的特色与防护预测效应,发表于本学科 CSSCI 权威期刊《现代传播》和医学信息学全球顶尖 SCI 期刊 *Journal of Medical Internet Research*,对于疫情下的全球传播研究具有重要的理论与现实指导意义,并很快得到了国际同行的大量引用和推广。

李晓静常对学生说,科学研究的价值,不在于你发表多少论文,拿了多少奖,而是能为学科发展、为中国进步、为人类世界贡献什么。正是在这种贡献精神的指引下,她和同学们都以学术创新、科研报国为志向,勇攀科学高峰。

人才培养:因材施教、手脑并重

二十年来,李晓静始终坚持"育人为本",以"立德为先、因材施教、手脑并重"的原则引导每位学生的个性化成长,促进他们用新闻传播专业知识和新媒体实践能力,为交大和祖国贡献力量。

作为导师,她帮助硕士生马仁义用新媒体传播中国文化,2014 年在交大创办"全球华语大学生短诗大赛",并为他提供经费赞助。首届大赛便吸引了全球 2 000 多所高校的 3 万多名学子参与,获人民日报专题整版报道,仅微博阅读量就突破 5 亿次。该赛事也在交大领导和各方的支持帮助下,打造了具有交大特色的优秀传统文化品牌,并为学校争光,荣获了教育部示范项目,并传承至今,成为学校的一块文化招牌。马仁义也获得了"中国大学生十大人物"称号,他随后创办的"理想岛"公众号、"学术大观察"微博号以及系列"互联网+"创业项目，旨在用新媒体推进学术传播和公益交友，目前已吸引国内外100多万优质研究生粉丝，他以校友身份，继续为交大师生贡献着智识和力量。

李晓静以手脑并重的育人思路，在校党委宣传部的支持下，成立了网络育人工作室"望媒止惑"，打造实践育人基地，创建实践育人体系。工作室依托国家级一流本科课程、交大课程思政示范课程等教学资源，力图创建公益普惠类融媒体网络育人品牌项目，聚焦新媒体与社会领域的中国现实问题，致力于提升我国青少年和大学生的数字素养，缩小我国数字鸿沟。目前"望媒止惑"已在Bilibili、微博、微信、喜马拉雅等8个平台上线，获新华社、人民日报、澎湃新闻、学习强国等多家媒体报道，收获了包括中央网信办，中国科普所，上海市委网信办、市教委、团委和各县乡政府及团委部门在内的赞赏和感谢。通过这种全平台、多渠道的传播模式，"望媒止惑"将持续为当代中国青年提供具有知识性、教育性、引领性的精神食粮，开拓出新时代的网络育人新阵地。

李晓静还引导博士留学生Noah发挥语言特长，在国际舞台上用新媒体讲述中国故事，在进博会上获肯尼亚总统的赞誉；指导硕士生徐胜哲用媒体技术在云南支教扶贫，获当地学生和老师的一致赞誉；指导硕士生刘畅、潘颜等发挥领导潜质、助力数字中国建设，带队荣获"互联网+"大赛全国银奖……她指导的学生在毕业时，多已成长为能用新闻传播专业知识去建设祖国的复合型传播人才。近年来，她共指导学生荣获包括"互联网+"大赛全国银奖、上海市金奖，全国大学生暑期实践团队TOP100，"挑战杯"上海市一等奖，上海大学生网络文化节一等奖，上海市知行杯二等奖，交大"钱学森杯"特等奖、"莙政学者"等在内的数十项重要荣誉，为学校和学院争得了荣光。

王会儒：把优秀传统文化融入教学，在快乐运动中提升学生身心健康

【名师名片】

王会儒，上海交通大学 2024 年"教书育人奖"二等奖获得者。体育系教授，博士生导师。中国体育科学学会武术与民族传统体育分会副秘书长，国家社会科学基金成果鉴定专家。先后承担国家社科基金、国家体育总局科技攻关项目、上海市哲社项目等国家级和省部级课题 10 余项；第一作者（或通讯作者）发表 SCI 等论文 30 多篇，第一作者出版教材专著16 本；6 篇决策咨询建议专报被中共中央办公厅和民进中央采纳。2020年获选首批国家级一流本科课程（线上）负责人；2022 年获得"卓越奖励计划"教学系列教授荣誉。

【名师名言】

■ 让学生每一节课都有收获，学期结束有明显的收获，甚至是影响一生的收获。

■ 身体和心理相互影响，犹如手心和手背。规律运动不仅增强体质，也能改善情绪，促进心理健康。

■ 身体素质的提高不可能一蹴而就，不要太在意体育课的分数，体育课要开心，要快乐。

■ 瑜伽、太极拳、八段锦等东方传统身心运动是一种载体，能够让我们在这个忙碌喧嚣的世界里慢下来，静下来。

在熟悉王会儒的老师和学生眼中,"王老师"不是一般的体育老师。他不仅瑜伽、太极拳、八段锦等动作技术出色,上课氛围好,而且理论功底深厚,热心公益事业。有的学生因为王会儒这个老师而爱上瑜伽和导引养生。"有幸在交大遇到这么好的一位体育老师,瑜伽课虽然只是短短的一个学期,却让我终身受益"。也有同学表示,学业压力太大了,最期待每周王会儒老师的体育课,疲惫的身心可以得到一定的缓解。

立德树人,传承体育文化

王会儒非常认同"完全人格,首在体育"的理念。他认为"体育的本质是人格教育,一流大学离不开一流的体育"。因此,从2016年起,王会儒就开始了体育课程思政的探索,提炼出"一体、两翼、四支撑"的德育渗透和体育文化传承教学模式。"一体"指武术教学以弘扬民族精神的价值引领为核心;"两翼"是抓好课堂武术教学+课外武术社团协会;"四支撑"包括:一是建设部门协同、条块联动的武术育人运行机制;二是制定武术教师激励措施,多种途径提升教师业务素质;三是出台客观公平的武术教学评价体系;四是重视不同时代学生特征的研究。这一教改模式在全国高校中发挥出示范效应,南京航空航天大学、华中科技大学、大连理工大学等兄弟院校陆续前来调研学习。

"健全的精神寓于健全的身体"。体育是培养高尚品德、健全人格、顽强意志、责任意识、抗挫折能力、沟通交往能力、生存领导能力等不可替代的教育手段。他认为体育教师要善于激发学生自主自觉锻炼的内在动力,培养身心健康、体魄强健、意志坚强、充满活力的交大学子。王会儒主讲太极拳、导引养生、瑜伽等课程,其中太极拳等传统体育养生课程的理论基础是中国传统哲学和中医学,而瑜伽也是流传数千年的东方文化。如何强化"文化铸魂、技术赋能"理念,焕发传统优秀养生文化的时代生命力,是一个不可回避的现实命题。他在太极拳课程中引导学生体会"返观内照、修身养性,刚柔相济、因势利导"等传统文化内涵;并撰写武术文化传承的文章,通过武术类项目弘扬"精忠报国、见义勇为,尊师重道、自强不息"等民族精神,得到《上观新闻》《光明日报》《解放日报》

报道和转载,被《新华文摘》收录,还被中央党校出版社评为"党的建设优秀成果一等奖"。

教书育人,坚持守正创新

王会儒最关心的,是学生的体质和心理健康。当"脆皮大学生"成为网络热词,年轻一代体质下降成为全球性社会现象,如何让大学生主动参与体育锻炼、改善身心健康状况,是他一直在教学中不断思考的问题。体育独特育人功能的强化,学生主动锻炼习惯的养成,以及不断超越自我、永不放弃等体育品德的培育,需要体育教师的言传身教和潜移默化,体育的育人功能不可能一蹴而就。

针对学生体质下降的现状,王会儒在教学中引入 KEEP、小红书等 App 中时尚的锻炼方法,来增强学生心肺功能。在男生班中,他发起每天 100 个俯卧撑的打卡行动,每天以身作则率先打卡,并且和学生们比赛引体向上。3 个月后,男生们从累计完成 100 个俯卧撑需要分 4 次,到两次就可以做到 120 个;引体上升也从平均 3 个增加到 6 个。可以明显看到,男生们胸肌厚了、肩膀宽了,更加自信了。在女生班中,他在第一堂课都是测试坐位体前屈、平板支撑和单腿闭眼站立的时间。实践发现,经过 12 周体育课后,女生们坐位体前屈平均进步 5 厘米、平板支撑时间进步 1 分钟、单腿闭眼站立增加 15 秒钟。尽管体育课每周只有 1 次,但也起到了一定的锻炼效果。

王会儒强调,在引导学生们积极参与锻炼的同时,也要做好运动副作用的科普工作。就像人们不会因为药物有副作用而拒绝用药一样,要客观看待体育运动中的"运动猝死、运动损伤",特别是对抗性运动中难免偶有受伤情况,在体育教育教学过程中不能因为个别损伤的案例一味地降低体育课的标准,要避免把体育课变成"无强度、无对抗、无汗水"的"体育水课"。王会儒希望"不会的同学学会,会的同学变得更好",让学生在实践过程享受锻炼的乐趣,进而真心喜欢运动,在体育运动实践中塑造乐观开朗、积极向上的精神面貌;实现公共体育教育"掌握技能、磨炼意志、强健体魄、振奋精神"的育人目标。

潜心一线,教法与时俱进

王会儒是武术和民族传统体育专业出身,他 1996 年参加工作时,班里 1978 年出生的学生最多。转眼 30 年,"05 后"成为教学对象的主体。令王会儒感慨的是时代和环境变化太快了,体育教学的方法和手段也要紧跟时代的步伐。和"70 后"大学生谈武术时,金庸武侠小说,李小龙、成龙、李连杰等的武打电影,都是引发共鸣的话题,许多学生因为电影《少林寺》激发习武梦。到"90 后""00后","互联网+体育"成为热门。

随着网络时代的发展,2018 年,王会儒在上海市精品课程"瑜伽与健康"的基础上,建设线上课程"循序渐进练瑜伽",设计了"跟我学""跟我练"和"专题访谈"三个板块,尝试瑜伽教学的线上与线下结合模式。疫情期间,"循序渐进练瑜伽"学习者超过 20 万人次、评价 4.9 分,2020 年获批教育部首批国家级一流本科课程(线上)。之后,王会儒组织体育系和医学院优秀师资,开设全英文课程 *Improving Immunity Based on Traditional Eastern Exercises*,通过"体医结合"形式讲授运动提高免疫的理论与实践。2023 年,该课程获评"世界慕课与在线教育联盟"优秀课程,王会儒应邀至意大利米兰进行课程汇报,分享东方传统健身智慧,展示独特的中华文化魅力。2024 秋季学期,他主讲的"中医八段锦"入选中国-印尼全球融合式课堂项目,助力高质量落实国家《推进共建"一带一路"教育行动》方案。近年来,他还指导瑜伽社学生在微信公众号"交医社管小希"发布20 多篇健康科普推文,倡导通过练习瑜伽促进学生身心健康,培养健康生活行为,并荣获 2023 年学生瑜伽社团指导工作的年度优秀指导教师称号。

体医结合,热情服务社会

在王会儒看来,运动的作用既不能被忽视,也不能被夸大。在体-医结合过程中,"运动处方"是重要的抓手。药物都有说明书,里面详细介绍该药物的成分,而且一定包含副作用。运动和药物一样,也有潜在的副作用。规律的、中等强度的有氧运动有益于人体免疫系统,运动强度过低起不到作用,运动强度过高则起到反面作用。"Exercise is medicine"是由美国运动医学学会和美国医学会发起的一个全球性倡议,它强调运动在预防和治疗多种慢性疾病中的重要作用,包括精神病、神经病、代谢性疾病等。该倡议还提出有氧能力应该和血压、体重、体温和心率等生命体征一样,是临床健康状况评估的重要指标。他认为,"Exercise is medicine"被翻译成"运动是良医"并不是很恰当。"medicine"应指"药",运动是一味"良药"。

自 2005 年起,王会儒与上海交通大学附属仁济医院风湿科合作,探讨系统性红斑狼疮、强直性脊柱炎等自身免疫性疾病患者的运动辅助治疗指导,并在"好大学在线"平台开设线上课程,定期进行视频答疑,为新疆、内蒙古、西藏、广西等全国各地的 7 000 多名患者进行远程健康教育。系统性红斑狼疮被很多人称为"不死的癌症",多发于育龄期的女性。有一个 20 多岁来自江苏南通的姑娘,在仁济医院风湿科诊断为该病,她一度非常沮丧、情绪低落,感觉一辈子就这么被病魔控制、没希望了,由于心理的影响,用药的效果也不理想。在风湿科医生的推荐下,她加入王老师主持的病友运动康复群,每周来上海参加王老师的锻炼指导和带练,并坚持每天群里练习打卡。三年后的一个教师节,王老师收到了一份意想不到的礼物,是这个姑娘带着她爱人和新生的小宝宝来感谢,她通过坚持运动配合药物治疗,不仅控制了病情,改善了情绪,还找到了人生伴侣、生下一个健康的儿子!

身处新世纪,站在新起点,王会儒认为身心健康是人类永恒的追求。在综合性大学中,体育虽然不是主课,但正如蔡元培所说,"有健全之身体,始有健全之精神;若身体柔弱,则思想精神何由发达?"在全球社会老龄化、慢病高发且年轻化的背景下,数智赋能开启学校体育新空间,为体育教育教学的创新发展和现代化、智能化、国际化注入新的活力。

陆佳亮：三尺讲台授业解惑，十年耕耘初心不变

【名师名片】

陆佳亮，上海交通大学 2024 年"教书育人奖"二等奖获得者。上海交通大学巴黎卓越工程师学院教学副院长、信息工程专业协调人。获得法国里昂国立应用科学学院/法国信息与自动化研究所博士。陆佳亮深耕讲台、敢于创新，着力打造优质课程；言传身教、爱护学生，是学生成长的引路人。他持续进行教学改革，推进信息化智能化教学技术，为学院在培养模式创新、课程体系建设、国际合作发展、产教融合协同等方面作出了突出贡献。主持和参与的教学改革项目先后获国家、上海市和校级教学成果奖一等奖，获得上海交通大学"烛光奖"一等奖、优秀班主任、优秀教师等荣誉。

【名师名言】

■ 以教人者教己。

■ 陶行知先生说，教师是"千教万教，教人求真"，学生是"千学万学，学做真人"，正确的理想是教书育人的根本。

■ 未来已来，只有自身主动适应新的教学理念发展，以及信息化、人工智能新技术变革，才能读懂新一代学生，培养好新一代接班人。

自上海交通大学巴黎卓越工程师学院成立以来，有一位教师已与学院风雨同舟十二载。他总是和蔼可亲，与学生们保持亦师亦友的关系，深度参与各类教学活动，在师生间建立了坚实可靠的沟通桥梁。近日，他荣获上海交通大学"教书育人奖"二等奖。他就是巴黎卓越工程师学院副院长、信息工程专业中方协调人——陆佳亮副教授。

扎根讲台、融通中外，做中法沟通的桥梁

2012 年，在学院初创之际，陆佳亮作为学院首位中方教师调入学院工作，踏上了学院创设之路。他先后在学院数学教学组、信息工程专业任教，开设和参与建设超过二十多门课程。对于每一门课，他都保持一贯的严谨和认真。学院创立初期，数学组只有中法两位教师。法国数学教学体系有其独到之处，因此，每次法国老师授课他都全程参加，和同学们坐在一起，快速吸收法国数学教学特色，并在此基础上，反复打磨自己的课程，为学院的起步打下扎实基础。也因此，他与同学们结下了"亦师亦友"的深厚情谊。

陆佳亮有 9 年法国求学和校企联培经历，练就了一口流利的法语，对法国教育体系和法国文化亦有着深刻理解。得益于出色的跨文化沟通能力，陆佳亮老师充分发挥中法沟通的桥梁作用，结合中国学生实际情况，吸收法国工程师培养方案，构建了学院本硕贯通的卓越工程师培养计划，让学院培养方案既保留法国工程师培养的精髓，又紧跟领域前沿的变迁。

比如，在研究生培养上，陆佳亮老师从校企联培的经验出发，认识到领域前沿和与产业紧密结合的重要性，设立了前沿课程大模块授课形式和跨学科的课程模块，与其他专业携手打造开放式课程体系，形成学院自主特色。此外，他试行企业联合培养项目模式，为学生提供实践平台和项目指导，此模式已经开展数年并成为典范案例。

亲切互动、言传身教，是同学心中的知心挚友

同学们提起陆佳亮老师，离不开"平易近人"这个词。陆佳亮喜欢和同学们

交流互动,除了课堂,他在学生活动、科创项目、研究生培养和出国交流学习等环节中,也总是主动关心同学的情况,帮助他们树立理想和学术目标,解决大家遇到的各类困难。

尤其是本科高年级同学,经常对专业选择、读研还是工作、出国阶段学习和科研的时间分配、未来职业发展等存在很多困惑。陆佳亮老师总是不分昼夜时差、尽自己最大努力为同学们排解焦虑情绪,分析情况,并陪伴鼓励他们克服一个又一个难题。这也是很多毕业校友都把陆老师当成一生的老师和朋友,持续和他分享事业和生活收获的原因。

此外,陆佳亮通过科创活动和科研项目培养同学们的创新精神、学术思维和科研能力。他指导的学生团队曾获得国际数据挖掘顶会 ACM SIG KDD CUP 2020 机器学习赛道金牌和中国电子学会第一届大学生协作学习与网络安全大赛二等奖;在第九届中国国际"互联网+"大学生创新创业高教主赛道国际项目(上海赛区)专项赛获得二等奖。

革故鼎新、精益求精,做工程教学创新的领头人

作为教学副院长,陆佳亮总是敏锐地捕捉教育趋势,从同学的反馈中推进教学研究和创新。2019 年,陆佳亮在长期教学实践和研究中意识到智能化教育环境对于提升教学效率、增强学生学习投入的重要性。他通过校教代会提案"聚焦教育改革发展,统筹推进智慧教室建设"向学校提议加快线上线下一体的智慧教学环境建设。该提案获得广泛认可,入选全国优秀职工代表提案。他还以学院为试点推进了相关工作的落实,目前学院在学校在线课程系统之外,搭建了自己的云实验平台系统等智慧平台,为学生深入学习和实践提供便利。

为给学院中外教师提供探讨课程设计、教学改革、创新探索的交流平台,陆佳亮牵头建设了学院教学发展分中心,和学院教学教务团队创建了"中法慧教"教学活动品牌。通过参加"中法慧教"品牌活动,学院中外教师充分交流、互相学习,提升了职业体验度与凝聚力,提高了学院的教育教学质量、中法办学的溢出效应及影响力。近年来,学院青年教师在各项比赛中崭露头角,屡创佳绩,收

获颇丰。

陆佳亮先后承担了多项校级和市级的教改项目,参与国家新文科教学改革项目。在他的带动下,学院教学团队也形成了坚持以教学为根本任务、重视教研和创新的良好氛围,打造了一系列市级和校级一流建设课程,出版了"中法卓越工程师系列"教材,并且获得校级优秀基层组织的荣誉。

教书育人是教师至高无上的职责。陆佳亮以高尚的师德和严谨的治学态度十年如一日践行教书育人的使命;以勇于开拓的精神和不断进取的态度在专业建设、人才培养、教学创新上持续作出突出贡献;以自己的行动和品质,影响和塑造着每一位学生,培养学生全面发展的能力,为他们的未来铺就坚实的基石。他是学生心中的良师益友,是学院发展的重要推动者,将所有的光和热都奉献给自己最热爱的教育事业。

薄首行：以科学与产业关键问题融合引导，培育独立自强的拔尖科技人才

【名师名片】

薄首行，上海交通大学2024年"教书育人奖"二等奖获得者。上海交通大学溥渊未来技术学院、化学化工学院教授，国家优秀青年科学基金获得者，固态电池研发过程与评价标准化技术委员会委员，商飞时代技术委员会专家委员。2009年和2014年在复旦大学和美国纽约州立大学石溪分校分别获得化学学士和化学博士学位，随后在麻省理工学院、劳伦斯伯克利国家实验室进行博士后研究。2017年加入上海交通大学，其团队围绕固态电池开展超快离子导体，表界面表征以及成像诊断等相关研究。研究成果入围世界科技大奖能源类决选（全球共6项），获得未来储能技术创意大赛最高奖（全国共3项）。个人还获得上海交通大学"唐立新教学名师奖""佳和优秀青年教师奖"等奖项。

【名师名言】

■ 我们要聚焦科学和产业的关键问题，做颠覆性的研究，做从零到一的研究，敢于走出科研的舒适区。

■ 做研究要有自信，学会独立思考，敢于质疑，学会坚持，即使失败100次也要有尝试101次的勇气。

■ 好的研究工作能把复杂的问题用两三个词点透，能用简单凝练的语言找到问题的本质。

人才的创造力是科技创新的根基。灌输式教育易引发重视结果、轻视思辨、忽视提问、抑制创造力的问题。薄首行面向双碳目标的国家重大需求,积极探索高校与企业融合育人的新模式,激发学生提出真问题、真解决问题的能力与动力。2020 年和 2024 年,他分别获评上海交通大学"唐立新教学名师奖""佳和优秀青年教师奖"。2022 年,研究生课程"面向'双碳'目标的新型储能材料"入选教育部首批碳达峰碳中和教学资源(全校共 20 项),作为主要参与人联合宁德时代获批上海交通大学"双一流"校企合作课程项目。2023 年,薄首行接受新闻联播采访和《人民日报》专访,阐述领军人才的培养理念。目前,他担任上海交通大学溥渊未来技术学院教授、院长助理,固态电池研发过程与评价标准技术委员会委员,商飞时代技术委员会专家委员,获得国家优秀青年科学基金。

教学"以史明理",讲述有理有据的科学故事

他将科学概念、科学史与科学家融为一体,在教学中重视还原颠覆性理论"由破到立、由立到破"的螺旋式建立过程,培养学生挑战权威、独立思辨、谨慎求证的主动意识。

薄首行坚持大学化学、材料结构、设计与制造、电池材料的基础与应用、从高比能电池到核聚变等本科通识与基础课程的教学,近五年累计授课 784 学时,共计 783 位交大学子走入他的课堂。他重视基础课程质量,采用互动式全英文教学,寓教于乐,评教成绩持续名列前茅,83% 学生好评"非常认可"。本着"不落一人"的理念,他曾开设仅有一名学生的专业必修课,并对个案学生进行心理疏导,助其顺利完成学业。薄首行还通过文治讲堂、溥渊未来学者计划、学业指导教师、班主任等形式投身于课外教育,与逾 300 名本科生深入交流,畅谈前沿科学技术与胸怀世界的科学观。此外,他还担任上海中学国际部、上海市世外中学荣誉课程的高校导师,为 60 余名高中生科普二次电池基础知识。他借助二次电池的科普活动与高中生讲述科技发展的内在规律,深入探讨科学发现的奥义,激发学生对科学研究的好奇心与探索欲。2023 年 1 月,在接受"新闻联播"采访

时,他阐述了产教融合的教育教学和人才培养新范式,展现了新一代交大人为国育才的信心与决心。

人才培养"以我为主",培育独立自强的拔尖科技人才

薄首行以学生的好奇心为核心,整合高校与龙头企业的优势资源,强调独立与担当,培养学生挑战权威的勇气、独立思辨的能力以及原始创新的动力。以大学生创新计划和毕业设计等形式,他近 7 年来累计培养了本科生 12 名、研究生 14 名、博士后 4 名。学生获溥渊未来学者计划 1 人次,国家奖学金 1 人次,交大优秀毕业生 3 人次,科磊奖学金 2 人次,交大博士发展奖学金 1 人次;博士后获国际交流计划引进项目资助 2 人次。"固态电池成像:金属枝晶的形成与生长"本科生科研项目获得国家级创新实践项目的资助,项目组成员大三学生曾毓明发表 SCI 文章 1 篇,并获得免试录取研究生资格。2019 年指导的本科生毕业设计项目获得项目展金奖,并获得中国发明专利 1 项。此外,课题组还有多名毕业学生与出站博士后前往马里兰大学帕克分校、滑铁卢大学、洛桑联邦理工学院等世界一流大学顶尖课题组继续深造或担任教职。他着重培养学生们的质疑精神,最想听到学生说"老师,你说的不对"。2023 年在接受《人民日报》专访时,他的学生们说:"薄老师不断鼓励帮助我克服了科研初始的畏难心理,告诉我:提问和表达是科研的基本功,你可能做了 100 分的科研,但因为不懂表达,'说'成了 60 分。""薄老师培养我们的质疑精神。每次和薄老师说'这个观点是师姐师兄告诉我的,文献里也是这么说的',薄老师都会让她打破'迷信',自己去看文献、找选题。""薄老师经常对我们说,做科研既不能远视也不能近视,不要总盯着学界'大牛'在做什么,要拓展眼界注重学科的交叉融合。"博士毕业生吴屹凡曾获国际电池材料大会最佳墙报奖、上海交通大学优秀毕业生、上海交通大学博士发展奖学金,并前往哈佛大学进行博士后研究,在国际顶尖舞台展示中国新生代学者的风采。吴屹凡在接受交大学术新闻的采访时说道:"硕士研究生毕业前在寻找锂离子电池方向的深造机会时,薄首行导师在锂电池领域广阔的视野和独到的见解深深吸引了我,在他的热情召唤下,我加入了他的课题组。在导师

薄首行副教授的悉心指导下,我总是能够在低落时重拾力量,不断在科研道路上执着前行。"

教改"以产促教",用问题导向打破学科壁垒

新工科教育的关键是大跨度学科交叉人才培养和学生评价体系的改革,从而适应新时代复合型领军人才的成长规律。作为薄渊未来技术学院首批全职教师以及能源材料方向的学术带头人,薄首行深度参与了教育部未来技术学院以及本科"可持续能源"专业的申报工作并成功获批,以基础科学、工程实践、人文管理等模块化课程规划,增加学生选课自由度,以产业真问题,重塑实验课程教学,形成"认识现状-提出问题-解决问题"的科学思维闭环。他利用与新能源龙头企业宁德时代深度合作的契机,通过学生联培基地、国家储能产教融合平台,使得学生能够将专业学习与产业实践紧密结合,以科教融合、产教融合的方式协同育人,让学生接触到最前沿的技术,也为学生提供了思想碰撞、原始创新的沃土。

何红建：教育不是灌输，而是点燃火焰

【名师名片】

何红建，上海交通大学2024年"教书育人奖"二等奖获得者。上海交通大学李政道研究所特聘学者、物理与天文学院特聘教授。先后在清华大学获得学士、硕士和博士学位，曾在美国得克萨斯大学奥斯汀分校、美国密歇根州立大学、德国DESY国家实验室等机构从事研究工作，2005年引进回国到清华大学任教授，2017年引进成为上海交通大学特聘教授。2006年获中国青年科技奖，2015年获王淦昌物理奖，2016年获全球华人物理与天文学会亚洲成就奖，2023年当选美国物理学会会士。

【名师名言】

■ 教育不仅是传递知识，更是点燃心灵的智慧之火。

■ 物理学的神奇魅力在于揭示宇宙万象背后的深刻与简洁，而量纲分析则是指引探索这深刻与简洁的一盏明灯。

■ 思考要比计算难得多。

■ 每一位学生都是未来的探索者，教师的使命是为他们提供启航的罗盘。

古希腊哲学家苏格拉底曾有一句至理名言："教育不是灌输，而是点燃火焰。"这一教育理念深刻影响了何红建的教学生涯。尽管何红建算不上老交大人，但他的教学方法却独树一帜，与交大的创新精神和实践导向颇为契合。他不满足于传统的知识灌输，而是致力于激发学生内在的智慧火花。他对待学生循循善诱、因材施教，对待教学事业用心投入而富有热忱，并因此荣获 2024 年教书育人奖二等奖。在了解他的人眼中，此次获奖属预料之中，实至名归。

求新求变，拓展教育的边界

何红建是一位具有国际视野的物理学者，他先后在欧美从事研究工作十多年，很清楚人才培养和物理研究与国际接轨的重要性。他认为，要让学生学好物理，应该在课堂上结合国际物理学前沿的最新进展，让学生学会思考物理和探索物理的正确方法，这一理念贯穿于他的教学生涯。

何红建对于他的量子场论课程教学也有独到见解：不赞成采用简单的闭卷考试方式。因为对于量子场论这样的理论物理课程，单纯强调背诵公式定律和考试得分并无太大意义。在国内的高考体制下，学生们接受的训练往往使他们习惯于解答那些有已知答案的问题。然而，科学研究的答案往往是未知的，很多时候需要主动寻找问题，因此培养物理直觉和探索精神对于学生们尤其重要。何红建还指出，数学家和物理学家都需要直觉，但这两种直觉往往不太相同。数学家把证明的严格与精确作为首要判据；然而物理学家通常则更需要在探索未知中发现新问题和猜测可能的答案。因此，何红建积极引导学生在学习课程知识的同时，学习创新性思考方法。他总是致力于激发学生们探索未知的兴趣和培养他们进行学术研究的素质。

2020 年，著名美籍华裔物理学家徐一鸿（Anthony Zee）教授的一部物理学力作 *Flight by Night Physics* 由普林斯顿大学出版社出版，并很快成为国际上具有影响力的权威物理教材之一。当收到徐教授从美国专门寄来的这本英文原版教材时，何红建颇为感动。更让他欣喜的是，他发现书中的物理观念和教育思想与自己的理念不谋而合。这本书以其独特的视角，教授学生如何运用量纲分析和物理估算来解决各种重要物理问题,引导学生跳出传统的按部就班推导和"刷题"模式,踏上更具挑战的探索性学习与研究之路。因此,他决定将这本书选为致远学院大一新生的专业讨论课教材,这在国内高校物理课程中尚属首次。为了让学生顺利掌握这本最新英文物理教材的精髓,何红建做了大量笔记,并将其用于课堂教学中。一位学生在课程结束时这样评价道,"老师用这一课程围绕量纲分析让我们掌握了对物理问题大致推测的能力,授课别出心裁。"何红建的课程无疑赢得了学生们的广泛认可和赞誉。

徐一鸿教授是享誉国际理论物理界的著名学者,除了科研之外,他撰写了众多国际知名的权威教材与科普读物,在欧美和亚洲都产生了巨大影响,激励了无数青年学子。徐一鸿教授原籍上海,跟上海交通大学更有特殊的渊源,他曾多次应邀来交大进行学术访问和讲座。何红建与他密切交流,并结下深厚友谊。2022年末,为推广徐教授的新书 *Flight by Night Physics*,普林斯顿大学出版社在北京举办了一场在线讲座和访谈。在这场活动中,何红建与徐教授就"培养物理直觉"和"给年轻学者的建议"进行了深入对话。这场访谈在国内物理学界引起了广泛关注,视频资料被编辑部整理成两篇文章,发表在《返朴》杂志,阅读量高达3.9万次。何红建也通过这次交流,进一步优化课程内容,使之更加适合大一新生的物理基础和需求。

打破壁垒,让课堂延伸出去

何红建认为,真正的学习不仅发生在讲台和课桌之间,更要在课堂之外的世界中通过实践和探索来实现。他致力于突破传统的教育模式,鼓励学生们大胆探索延伸到课堂之外的相关前沿知识和问题。

在他的引导下,学生们积极进行课外阅读,并接触到更为丰富和多元的学术资源。何红建每学期都会策划相关的学术前沿讲座和交流活动,邀请国际上的杰出学者和专家来校与学生们面对面交流。这些活动不仅为学生们提供了近距离接触国际顶尖学者的机会,也为他们打开了一扇通往当今国际学术前沿的大门。

在何红建的努力下,课堂内外的学术氛围日益浓厚。来访讲演的嘉宾名单中,不乏学术界的重量级人物,包括英国皇家科学院院士 John Ellis 教授、诺贝尔物理奖得主 Sheldon Glashow 教授、法国科学院院士 John Iliopoulos 教授和丹麦皇家科学院院士 Francesco Sannino 教授等。学生们通过聆听这些学术巨擘的报告,能够获得最新的学术信息,与国际顶尖学者直接对话,近距离感受他们探索未知的激情和对物理学前沿发展的真知灼见。

教育的真正价值在于点燃学生心中的智慧之火,激发他们的好奇心和探索欲望,帮助他们获得对自然规律的深入理解和培养他们对宇宙奥秘的探索精神。何红建通过这些活动,不断推动学生们走出舒适区,去发现自我、挑战自我,最终成长为能够独立思考和创新的探索者。何红建的教育理念和实践,无疑为培养高素质的研究型学术人才提供了宝贵经验。

家国情怀与师道传承

在何红建的教育理念中,学术能力和理想情怀的培养都是同等重要的。他的课程不拘泥于传统教材,而是推崇个性化的学习体验。在他的课程中,有一本他推荐给学生的必读书籍——《李政道评传》。这是一部深入探讨著名华裔物理学家李政道生平与科学贡献的传记,展现了他在粒子物理领域的卓越成就及其对现代科学的影响。何红建作为李政道研究所的特聘学者,深感传承李先生物理贡献和赤子情怀的必要性。他要求学生们在课程结束时,提交一篇关于该书的读后感,并结合自己的理想抱负与学习经历总结各自的感悟与收获。

一位学生在读完《李政道评传》后,深有感触地写道:"这门课程除了让我学习到量子场论的知识,也让我感受到课外阅读的重要性。它们对于我们物理系研究生的意义,不仅仅是帮助我们积累理论知识,也让我们得到精神的启迪和视野的拓展。李政道先生的生平故事,让我深刻体会到了科学探索的艰辛与乐趣,以及在追求真理的道路上所必须具备的坚持与勇气。李政道先生对于教育的重视和对年轻科学家的培养,更让我意识到要将科学的精神和知识继续传承下去。"

作为一名党员,何红建在培养学生的过程中,始终秉承为国家培养德才兼备的优秀人才的使命,坚持在教学中引导学生认真学习优秀科学家的爱国情怀和探索科学的执着追求。他深信,教育的核心不仅在于知识的传授,更在于人生观与世界观的塑造。何红建在教学中,不仅引导学生进行学术探索,而且培养学生的高尚情操和社会责任感。

自2018年以来,何红建先后指导了14名大四本科生顺利完成毕业论文,其中4名优秀学生被欧美一流大学录取为研究生。他致力于培养具有国际竞争力的青年人才。他教育学生不仅要快速掌握新知识和进入科研前沿,而且要树立远大理想和学术追求,为未来的学术职业生涯奠定坚实基础。

在何红建的指导下,李政道研究所首位博士毕业生杭岩峰荣获校优秀博士毕业生奖学金,并赴美国西北大学继续博士后研究。此外,何红建的另一名博士生李尧也被麻省理工学院录取为博士后。在毕业之际,李尧同学对何红建的悉心指导和无私帮助表达了深深的感激,他在赠送给导师的纪念品上题词:"漫漫人生路,无私解惑人;莘莘学子心,难忘恩师情。"这不仅说明何红建教书育人卓有成效,而且表达了对其教育精神的崇高敬意。同样,来自李政道研究所的青年学者葛韶锋,也是何红建的得意门生。在回忆起自己学生阶段的成长时,葛韶锋感慨万千,深情地表示:"何老师在学术上对自我要求极为严格,矢志不渝地追求卓越。他的这种精神深深影响了我,是我学术道路上的宝贵财富。"

如今,何红建的学生们活跃于国际科研领域,这不仅展示了中国学者的实力,也展现了师道传承与家国情怀的深厚底蕴。这将激励新一代青年人才为国家科技兴盛和社会发展贡献智慧与力量。

"教书育人奖"集体奖

一等奖

仁济医院全科教研室：
传承仁术济世精神，培养优秀的社区健康守门人

【名师名片】

上海交通大学医学院附属仁济医院全科教研室注重培养年轻教师带教能力，采用国际化教学理念，在教学中推动教育改革与创新，在医学生本科教育阶段采用"早临床、重实践、抓职业素养、塑人文精神"模式，开展全科医学社会实践类教学。先后荣获国家级社会实践一流本科课程、上海市高校市级重点课程、上海交通大学医学院一流本科课程等奖项。主编和参编国家"十三五"及"十四五"规划教材、人民卫生出版社的全科题库建设。在医学院课程思政竞赛、PBL、CBL案例大赛等获特等奖及一等奖。

【名师名言】

■ 人才培养是发展全科医学的基石，要注重对全科医学人才全过程的培养。

■ 要在学生心中种下热爱全科医学的种子，传授仁心仁术，传承济世医道。

■ 教师要用言传身教做好表率，认真对待每一次的教学门诊或教学查房，教授学生临床知识的同时，不断提高自身的临床和教学能力。

上海交通大学医学院是国内较早开展全科培训的高校。自2006年起,附属仁济医院成为上海市首批全科专业住院医师规范化培训基地,成立了全科教研室,长期承担医学院临床医学五年制、八年制及研究生的全科教学工作。在交大医学院全科医学系主任方宁远教授带领下,教学团队已为全上海培养了两百余位专业的全科医生,活跃在各个社区为居民的健康保驾护航。

培养符合人民群众期待的社区健康守门人

仁济医院全科教研室致力于培养有温度、有灵魂的医学创新人才,引入国际先进的教育理念,并率先开展社会实践类教学。在系主任方宁远教授带领下,教研室建设了包括医学院临床医学五年制及英文班、八年制及规培生、研究生的全科医学理论课及见习实习课程,修订社区实习大纲,开展基于OBE理念的临床医学教育,让学生早期进入社区,深入了解我国基层医疗环境以及全科医生的工作职责;认识全科医学在促进社区健康、预防疾病、慢病管理以及康复照护等方面的重要作用;深入了解"以病人为中心、以家庭为单位、以社区为范围、以预防为先导"的全科医学基本实践原则,树立"大卫生、大健康"理念。全科理念的推广,吸引了越来越多的优秀医学人才选择全科医学作为职业志向。

只有岗位技能精湛、专业素养全面,才能够满足人民群众高质量医疗卫生服务需求。为持续提升全科医学人才的临床研究综合能力,由方宁远教授牵头,仁济医院组织和搭建了交大医学院全科专业硕士统一开题、统一答辩的平台,构建了由全科医学系主导的"培训医院-社区基地-公卫学院"三位一体的全科质量建设体系,在研究生培养过程管理中严把质量关,至今已连续举办了七届。两百余名学员毕业,切实提高了全科专业研究生的临床和科研能力。

仁心授业育人才,仁术解惑传医道

作为上海开埠后的第一家西医医院,"仁心仁术"是每一代仁济人的共同情怀,是每一名仁济人奉献社会、服务患者的不懈追求,"仁术济世"的"仁济基因"

渗入一代代仁济人的血液中。仁济医院全科教研室团队注重将医院文化融入课程思政，将全科医学专业课程教育与思政教育紧密结合，注重学生社会责任、科学知识、创新思维、实践能力和人文素养的全方位培养，更好践行"健康中国"使命。

谈到课程思政，团队骨干教师孟超的脑海中第一个想到的就是她的指导教师陆惠华教授。陆教授今年已83岁高龄，但仍然活跃在教学的第一线，讲台上讲课一站就是两三个小时。她常说："服务病人是我一辈子的光荣，培养年轻医生是我一生的心愿。"她对于各个年资的医生都严格要求，从病史的书写、语言的规范、分析的思路到具体的操作，她都会详细询问。她用言传身教，五十年如一日到病房观察病人病情，从她的身上可以看到一名医生对每一位患者的尊重。陆教授关爱每一位年轻医生，细微到生活中的点点滴滴。仁济医院临床教学素以严谨的教学作风和优良的教学传统而闻名。孟超回忆，自进仁济医院的第一天起，她就从前辈们身上感受到他们对于医学事业的热爱与奉献，他们用医德医术充分诠释了仁术济世精神，对她的医学职业生涯影响深远。

全科教研室团队注重将整合课程运用在授课过程中，以立德树人为根本任务，将思想政治工作贯穿于专业教育全过程，满足学生成长发展需求和期待。团队通过挖掘提炼医学职业道德及专业素养、人文及医学伦理等元素，在提升学生专业能力的同时，形成积极的价值导向，培养学生成为一名"有温度、有灵魂"的医学创新人才。团队注重对住院医师的全科临床思维能力的培养与锻炼，引导他们从临床出发，学会思考，学会发现问题，并积极尝试解决问题。全科"全人观""整体观"的生物-心理-社会医学模式作为专科的补充，越发受到重视。结合全科教学SOAP病历，将全科所强调的家庭、社会、经济等综合因素深化到平时的门诊带教及教学查房中，发挥学员的主观能动性，让学员从独立接诊中学技巧；组织PBL、CBL教学、教学查房、教学小讲课、病例讨论等各种形式的教学，通过临床案例尝试叙事医学的教学，让学员知晓关注疾病之外，还需了解患者的生活与工作背景，掌握如何利用家庭内外资源来提高患者的生活质量。

深化教学改革建设，催生丰硕教学成果

全科教研室课程实施教学改革多年来，不断加大在本科教学中重实践、早临床的力度，目前已建设成为国家一流本科课程（线下课程）、上海市高校重点课程及校级一流课程，团队主持医学院各类教学研究课题数项。团队注重教材编写与建设，主编人民卫生出版社全科医学题库交大医学院研究生教材，副主编国家"十三五"规划教材、参与"十四五"规划教材及毕业后继续教育系列《综合知识》第三版，主编系列科普书籍《患了高血压怎么办》《高脂血症》《疾病早知晓》等，其中《高脂血症》获得2021年度杏灵斯泰隆杯上海中西医结合科技奖；承担多项国家级及市级继续教育项目。在教学团队建设方面，注重教师教学胜任力，培养年轻教师带教能力，大力开展学习交流，邀请国外专家授课，举办与渥太华-魁北克全科医师及西澳大学的全科学术交流。团队教师分别在各级各类教学能力赛事中斩获佳绩。团队教师荣获上海市住院医师规范化培训优秀指导老师、交大医学院"杰出带教老师"等称号。

"教书育人奖"集体奖

二等奖

上海儿童医学中心儿科医学人文教学团队：修人文以润术,炼良医以泽众

【名师名片】

上海交通大学医学院附属上海儿童医学中心儿科医学人文教学团队是顺应新医科背景,紧扣"立德树人"教学目标,组建的一支医文融合、多学科交叉的人文教学团队。教学团队成员涵盖医学、社会学、管理学、心理学、艺术、设计等多个专业,以"修人文以润术,炼良医以泽众"为教学理念,将医学人文教育与思想政治教育、医学职业精神教育有机融合,实现"思政育人"融入本科教育、毕业后教育,并覆盖至全员继续教育全过程。

【名师名言】

■ 修人文以润术,炼良医以泽众。

■ 在人文课程教学过程中,我们在学生的眼里看到了光。"没有人文滋养的医学科学是单翅鸟",期待人文让医学技术更有力量。

■ 医学是"真善美"的结合:秉承科学之真,坚守医者之善,追求艺术之美,才能成为有灵魂的医学人才。

　　医学是"真善美"的结合,秉承科学之真,坚守医者之善,追求艺术之美,才能成为有灵魂的医学人才。在新医科背景下,儿科医学人文精神培育的重要性日益突显。上海交通大学医学院附属上海儿童医学中心医学人文教研室在2021 年应运而生。教研室组建了医文融合、多学科交叉的医学人文教学团队,首创"儿科医学人文教育"实践课程体系,开设四阶段课程共 122 学时,贯穿儿科学"5+3"教育全过程,打造"全程式""多元化""实践型"的课程体系。

创新实践育人模式,打造特色实践课程

　　"修人文以润术,炼良医以泽众"是教学团队始终坚持的教学理念。课程注重医者的"修"与"炼",注重医文交叉融合发展,设计多元化课程内容,涵盖医学人文领域的各个方面,培养医学生科学精神与人文精神的辩证统一思维。在课程中,医学生们不仅可以学习医学精神,更有机会与艺术学、设计学、心理学、管理学,以及社会工作等多个学科的专业大咖深入沟通,拓宽医学人的人文视野,使其更深层次地认识医学,认识生命。同学们感叹,只有关注"人",才能将看似毫无联系的各种学科汇聚在一起,用自己的专业来诠释"爱"!

　　"五维融合育四心"是教学团队首创的实践育人模式,旨在为学生打造"学、思、悟、行"为一体的实践课程。其中"人文爱心分享会""儿童保护体验营""心理疗赋能疗愈行""儿科暖医实践营""公益项目设计秀"实践课程,帮助学生走出学校,走进医院,走近病人身边,在人文实践中育爱国之心、守医路初心、铸医者仁心、献浓浓爱心。

搭建立德树人思政育人平台,打造有温度的实践基地

　　为了打破医学人文教育"重理论轻实践"问题,团队汇聚院校资源,打造院内外十余个人文教育实践基地,成为儿科医学生及教师的"人文爱心加油站"。

　　爱佑新生宝贝之家困境儿童关爱中心是病患孤儿医疗养护项目的沪上枢纽,专门接收从全国各儿童福利院送到上海接受治疗的重症孤儿,为他们提供术

前和术后的医疗养护。同学们在老师的带领下走近宝贝之家,通过游戏模拟残障人士,感受"孤残儿童"的困境,倾听"神奇宝贝"重获新生的生命故事。同学们无不为孩子顽强的生命力和积极阳光的人生态度所感动,他们有的触动心灵默默流泪,有的用温暖的拥抱表达对宝贝们的共情与爱护,更有的自发组织志愿小队多次来到这里,用自己学到的专业知识爱护孩子……宝贝之家的留言墙,贴满了同学们服务实践的感言。

除此以外,在整个教学过程中,教学团队组织开展形式多样的人文实践活动,如"儿童友好医疗导览"人文实践活动,带领学生参观"重症亲子病房",参与人文伴读活动;参观"儿童友好门诊/病房",感受儿童友好人文的核心要素;到"麦叔叔之家",参观异地就医患儿人文关怀的"公益空间",调研异地就医患儿人文需求;参与"儿童健康节"志愿服务活动、"暖心陪伴·爱佑童心"病房患儿暖心守护活动等,使学生们在实践中学习,在学习中感悟,以服务学习切实增强人文技能与人文意识。

开展职业精神培育活动,着力培育儿科暖医

教学团队构建"教师+学生一体化培育"大思政格局,不断拓展思政人文教育的广度、宽度、深度,积极落实习近平文化思想精神。

在人文活动中融入中华优秀传统文化,充分利用医学纪念日和传统节日,组织开展丰富的文化传承活动。每年的清明时节,团队开展"追思大医,传承文化"思政文化活动,追思忆先贤,续写华章;在医师节、教师节、护士节之际开展主题活动"医学职业精神培育周",以主题大会、演讲分享、情景演绎、重温中国医师誓言等形式坚定医学初心,弘扬大医精神。儿科中心作为全国文明单位、上海市优秀志愿服务集体,组织医务人员开展了丰富的新时代文明实践活动,以实际行动践行初心使命,守护祖国未来。

打造网络育人平台,创设人文思政名片

延伸医学生职业精神培育的广度与深度,教学团队打造"SCMC 文化新

声"微信公众平台,打造网络思政教育阵地。丰富的网络资源成为"掌上人文资源宝库",极大拓展了人文教育的覆盖面,形成线上、线下一体化的职业精神培育格局。公众号开设"医患真情""榜样微光""师德传承""文化赏析""志愿暖心""阅见人文"等专题板块,累计发布原创推文、视频200余篇,以润物细无声的形式,打造有温度的"人文思政文化名片"。其中,以记录温暖儿科中的医患故事为主题的"医患真情"合集,不仅收录了患者对儿科医务人员人文关怀的点滴记录,诠释着浓浓的儿科真情,同时还邀请医生分享"暖医心声"。这一合集也成为儿科医学生交流感悟、擘画人文的重要素材。学生自发编撰《心声:儿科人文关怀实录》,形成"育人自育"的良性循环。

人文教学成果硕果累累,立德树人成效显著

为广泛开展医学人文教育,丰富教学资源,团队建设儿科医学人文图书库,主编国内首部儿科人文案例教材《儿科医学人文教学案例集》。内容涵盖儿科大医的医路历程、全人健康视角下的儿童健康、特殊情境下医患沟通技巧、人文视角下的医院管理四大领域,共计80篇案例,40万字。该书内容全部来自临床真实案例,弥补了理论教材里缺少的真实经验,能够帮助医学生更深入地理解医生所要面临的真实情境和人文精神,进一步体现医学职业的价值所在。

在近三年的育人实践中,人文教学团队硕果累累。"儿科医学人文教育"2022年获批"上海高校市级重点课程建设项目(社会实践课程)"、2023年获批"上海高等学校一流本科课程(社会实践课程)""上海交通大学社会实践一流课程""上海交通大学课程思政示范课程培育项目"等,被推荐参与申报国家一流本科课程。获得一系列教学荣誉的同时,团队还获评课程思政各类荣誉,作为编委承担国家级教材《医学导论》课程思政案例编写,8篇案例入选交大医学院《医学专业课程思政案例》丛书。教学团队骨干教师获评"上海市慈善之星""上海市医德楷模""上海好护士""上海交通大学教书育人奖"等殊荣;指导学生获评

"中国大学生自强之星"等荣誉。团队致力于为百姓"育良医",人文医院建设成果卓著。近五年患者满意度提升近 10%,医院获评"中国人文爱心医院""全国维护妇女儿童权益先进集体"等诸多荣誉,特色经验在国内外多个平台得到交流与推广。

附录　上海交通大学 2024 年"教书育人奖"获奖名单

"教书育人奖"一等奖获奖名单(共7个)	
单　　位	姓名/团队名称
机械与动力工程学院	代彦军
航空航天学院	刘　洪
生命科学技术学院	曹　阳
医学院	黄　雷
设计学院	于冰沁
密西根学院	郑　刚
仁济医院	全科教研室 （负责人：方宁远）

"教书育人奖"二等奖获奖名单(共 15 个)

单　位	姓名／团队名称
电子信息与电气工程学院	韩　韬　薛广涛
环境科学与工程学院	许振明
数学科学学院	李吉有
医学院	王旭东
安泰经济与管理学院	井润田
凯原法学院	侯利阳
外国语学院	金文峰
国际与公共事务学院	魏英杰
媒体与传播学院	李晓静
体育系	王会儒
巴黎卓越工程师学院	陆佳亮
溥渊未来技术学院	薄首行
李政道研究所	何红建
上海儿童医学中心	儿科医学人文教学团队 （负责人：陆梅华）

"教书育人奖"三等奖获奖名单（共 35 名）

单　位	姓　名
船舶海洋与建筑工程学院	陈龙祥　陈思佳　何红弟　李　欣
机械与动力工程学院	韩　东　王　倩　张　海　张滕飞
电子信息与电气工程学院	林巍峣　刘　华　孙亚男
材料科学与工程学院	吴蕴雯
生物医学工程学院	童善保
航空航天学院	胡祎乐
数学科学学院	蒋启芬　林一青
物理与天文学院	董　兵　朱　敏
农业与生物学院	赵　琦
医学院	王　皓　吴映晖　许大康
安泰经济与管理学院	花　成　路　琳
外国语学院	薛　松　周岸勤
人文学院	陈业新　赖长生　唐启翠
设计学院	兰　丽
上海高级金融学院	于晓筠
自然科学研究院	张　镭
学生创新中心	王留芳
瑞金医院	周　敏
第一人民医院	张　旻